자본이 어려운 당신에게

자본이 어려운 당신에게

초판 1쇄 인쇄 | 2024년 10월 1일
초판 1쇄 발행 | 2024년 10월 10일

지 은 이 | 최승노
발 행 인 | 최승노

정　　리 | 이근미
기획·마케팅 | 곽은경
편　　집 | 인그루출판인쇄협동조합
디 자 인 | 인그루출판인쇄협동조합

발 행 처 | 지식발전소
주　　소 | (07236) 서울시 영등포구 국회대로62길 9 산림비전센터 7층
전　　화 | 02-3774-5000
홈페이지 | www.cfe.org
E - mail | cfemaster@cfe.org
I S B N | 978-89-8429-299-4 03320
정　　가 | 12,000원

낙장 및 파본 도서는 바꿔 드립니다.
이 책 내용의 전부 또는 일부를 재사용하려면 반드시 자유기업원의 동의를 받아야 합니다.

자본이
어려운
당신에게

지식발전소

서문

　　자본資本이라는 한자의 어원에는 '핵심적인 내용이 축적되어 있다'는 의미가 담겨 있습니다. 자본을 뜻하는 영어 단어인 capital은 머리를 뜻하는 라틴어인 'caput'에서 왔습니다. 그만큼 중요하고 근원적인 내용을 갖고 있다는 뜻입니다. 자본은 경제학에서 '축적된 부, 즉 많은 양의 화폐나 토지·공장과 같이 생산의 밑거름이 되는 수단'을 말합니다.

　우리 모두는 삶의 바탕이 되는 자본과 친해지기 위한 노력을 해야 합니다. 자본은 인간을 자유롭고 풍요롭게 만들기 때문입니다. 자본은 시간을 시간답게, 공간을 공간답게 만들어 줍니다. 구약성경 창세기 1장은 '빛이 있으라'는 말

쯤으로 빛이 생겼다고 했습니다. 무언가가 생기는 건 시간개념이자 공간개념입니다. 시간을 시간답게, 공간을 공간답게 만들려면 가치를 만들어내는 인간의 의미 있는 역할이 필요합니다.

인간이 인간다워지는 방식이 쌓이는 과정에서 문명이 발달했고, 자본은 인간을 자유롭고 풍요롭게 만들었습니다. 인간의 삶에 좋은 것이 쌓여 이뤄진 자본을 축적하는 시스템의 구축이 무엇보다 중요합니다.

좋은 것이 쌓이자 질시가 움트면서 문명의 가치를 파괴하는 세력이 나타났습니다. 그들은 사람들이 만들고 쌓아온 것들을 비인간적이라며 갈등 관계로 파악했습니다. 그 결과 서로 협력관계였던 인간과 자본이 대립관계로 인식되기도 합니다. 인간과 자본의 갈등을 유발한 것은 사회주의 사상과 그 심리적 바탕인 평등주의입니다. 반자본 투쟁가의 생각에는 자본을 적대시하는 감정이 깔려 있는데 이는 세상을 잘 몰라서 일어나는 현상입니다.

인간은 자신을 위협하는 것에 맞서고, 공간을 지배하는 과정에서 더 좋은 것을 축적하려고 노력해왔습니다. 하지만 개인들의 자연스러운 움직임을 가두고 칸막이로 격리시키려는 폭압의 역사적 사례는 많습니다. 일본으로 간 조선 도공들의 삶을 통해서도 알 수 있습니다. 조선에서 능력을 인정받지 못한 도공들은 일본에서 큰 성공을 이루었습니다. 조선 도공이 만든 도자기가 최대 수출품이 되면서 일본을 무역을 통한 근대화로 이끌었습니다. 무역을 통해 자본을 쌓은 일본이 풍요를 누리게 된 것입니다.

자본과 친해지고 축적하는 노하우를 다음 세대에 전수하는 것이 우리의 사명입니다. 내 마음의 방식을 습관이라고 부르기도 하고 사람들의 자발적 협력방식을 사회 질서라고 부르기도 합니다. 시간이 가면서 이러한 삶의 노하우뿐만 아니라 물질적인 노하우도 쌓입니다. 이런 경험적 지식이 합쳐지면서 자본이 되는 것입니다.

시간을 더 찬란하게 빛나도록 하는 기기, 공간을 더 공간답게 만드는 물적 기반, 이런 것들이 우리 삶에 주어진 선물입니다. 일하는 시간을 줄여주면서 삶을 즐길 생활의 여유까지 안겨줍니다. 그로 인해 하루 몇 시간만 일하며 풍요로움을 누리게 되었고, 이는 레저의 발달로도 이어졌습니다.

자본 축적을 잘해서 우리 삶을 풍요롭게 만들고, 다음 세대에 물려주는 것은 꼭 이루어내야 할 의미 있고 보람 있는 일입니다. 자본과 친해지는 것은 한마디로 황금알을 낳는 경험적 지식이라 할 수 있습니다. 반대로 자본이 만들어지고 축적되는 것을 공격하거나 깨는 것은 문명을 파괴하고 인간의 삶을 무너뜨리는 일입니다. 우리 사회가 더 풍요로워지도록, 미래 세대가 더 뻗어갈 수 있도록 하려면 자본과 친해지고 자본 축적 시스템을 확고하게 구축해 다음 세대에 물려주어야 합니다.

당신이 경제적 자유를 얻고 싶다면, 그리고 당신의 가족과 이웃이 풍요를 누리게 하고 싶다면, 자본과 친해지기 바랍니다.

2024년 9월
최승노

차례

서문 5

자본과 신뢰

제1장 자본과 친해져야 발전한다

자본과 '친해질 결심'을 하라 _ 15
• 시간과 돈을 절약하게 하는 가치 창출 • 자본 친화적 활동이 대한민국 발전시켜 • 자본 축적 위에서 민주화 안정 • 자본과 '친숙해질 결심'을 하라

자본을 적대시하지 말라 _ 25
• 자본주의 속 반자본주의 • 계속되는 사회주의 위협 • 자본은 본질적으로 좋은 것

자본을 유산으로 물려주자 _ 35
• 지식을 물려주는 미국 부모들 • 훌륭한 자본이 많아야 번성한다 • 가문이 형성되기 시작한 한국

자본화된 도시를 후손에게 물려주자 _ 44
• 자본화된 도시 맨해튼, 세계의 수도 • 지하철과 엘리베이터가 확보한 도시공간 • 세계 5대 도시에 속하는 서울 • '빨리빨리'에 올바른 개념 탑재하자

신용이라는 자본을 쌓아라 _ 56
• 약속을 지키는 능력이 신용의 핵심 • 연고주의가 불러온 부실공사 • 반복된 선택이 신용문화 쌓는다 • 개인 평판도 신용이다 • 믿을 수 있는 대학을 기다린다

제2장 **자본이 일해야 성과가 난다**

돈이 쌓이면 자본인가? _ 69
• 내 돈을 자본으로 활용하라 • 직접 투자는 신중해야 한다 • 다른 사람이 내 돈을 활용하게 하라

자본을 활용해야 성장한다 _ 79
• 자본이 나를 위해 일하게 하라 • 시간을 내 편으로 만들어라 • 더 나은 자본을 찾아 나서라 • 새로운 분야를 선점하라

자본이 많아야 인재가 나온다 _ 88
• 기여입학제도를 허용하라 • 지식 생태계를 형성하라 • 가치 발휘할 인재를 배출하라

하천도 자본이다 _ 96
• 지천 관리가 필요하다 • 지하도로 만든 뒤 도로 없애야 • 공원화 사업도 자본과 함께 • 환경 친화적 발전 추구하라 • 자원이라는 눈으로 바라보라

자연에 자본을 더해야 쾌적하고 편리해진다 _ 108
• 공원화하여 자연을 편하게 즐기자 • 자연은 방치하면 위험하다 • 산속에 주택을 짓자

자본과 기업

제3장 기업을 살려야 나라가 흥한다

자본을 축적할 수 있는 곳에서 일하라 _ 119
• 동남아에서 제2의 인생 사는 사람들 • 가치 만드는 살아있는 지식 • 기업을 활용하라 • 훌륭한 리더가 있는 회사

한국인은 왜 몽골인보다 더 많은 월급을 받을까? _ 129
• 자본이 쌓인 곳을 찾아라 • 경험자본과 자본이 축적되는 회사를 선택하라 • 나를 갈고 닦아라

기업은 자본의 집합체 139
• 기업을 없애는 건 사회적 손실 • 대기업이 나오기 힘든 구조 • 대기업 육성한 대만의 약진 • 자유 경쟁이 가능한 사회 돼야

자본은 과잉이 없다 _ 150
• 스마트팜으로 자본 투자 허용해야 • 새로운 일자리는 계속 생긴다 • 대기업이 없는 내수 분야를 찾아라 • 과감한 자본투입이 가능해야

농업은 특수하지 않다 _ 160
• 식량 안보, 걱정할 필요 없다 • 환경 만능주의에서 벗어나라 • 자본 투입으로 농업의 전근대성 해소하자 • 농산물 수출국이 멀지 않다

제4장 **새로운 자본이 달리게 하라**

통일은 경제적으로 좋은 선택 _ 175
• 통일되면 체제 리스크 사라진다 • 개방적 시스템 쪽으로 통일 돼야 • 상품-자본-인적 교류 순으로 진행 • 경제 통합으로 강해진다 • 통일은 새로운 기회

사회간접자본을 어떻게 늘릴 것인가 _ 186
• 순환도로가 부족하다 • 세계의 돈이 몰려드는 싱가포르 • 돈이 자유롭게 오가는 풍토 마련돼야 • 선진화 고민하는 공무원 기다린다 • 다음 세대에 자본을 물려주자

자본은 노동의 친구 _ 198
자본은 노동을 가치 있게 만든다 • 자본이 국민 편익 높인다 • 자본을 잘 활용해야 임금 오른다

새로운 시대에는 새로운 자본이 생성된다 _ 208
• 그 시대의 자본은 시장이 평가한다 • 플랫폼 비즈니스가 만드는 규모의 경제 • 플랫폼 기업이 만드는 미래 • 새로운 자본, 모바일과 데이터와 AI

자본 축적을 돕는 유능한 정부 원한다 _ 218
• 자본 축적에 우호적인 세금정책 실시하라 • 공기업을 민영화하라 • 시장 확대에 도움이 되려면 • 민간에 의한 자생적 질서가 강하다 • 자본 친화적 정부 원한다

자본과 신뢰

제1장 자본과 친해져야 발전한다

자본과 '친해질 결심'을 하라

'노인 한 분이 돌아가시면 도서관 하나가 사라지는 것'이라는 말이 있다. 원시사회에서 나이 많은 사람들의 경험이 매우 중요한 역할을 했다는 뜻이다. 노인老人의 '老'는 '늙다'라는 의미 이외에도 '익숙하다'의 뜻이 있다. 경험적 사실을 중시하는 시대에 노인은 공경과 배움의 대상이었다.

시대가 바뀌면서 과학 지식과 변화하는 세상에 적응하는 것이 매우 중요해졌다. 따라서 기술과 지식을 잘 활용하고 변화에 민감한 청년 지식인도 대접받는 세상이 되었다.

실제로 지식인의 개념이 많이 바뀌었다. 자본은 새로운 가치를 창출하는 데에 과거의 경험뿐만 아니라 지식을 통해 전달되고 형성된다. 그로 인해 나이와 무관하게 인적자본이 역할을 하는 시대가 되었다.

시간과 돈을 절약하게 하는 가치 창출

현명한 사람은 자본을 내 편으로 만들고 내 친구로 삼는다. 자본에는 여러 가지가 있다. 인적자본과 경험자본, 사회자본과 도덕자본, 법과 제도 등은 오랜 기간 우리 사회가 쌓아온 자본이다. 기계 같은 자본재와 도로, 물류망 같은 사회간접자본은 기본적인 물적자본이며 기술과 조직을 갖춘 기업도 자본이다.

자본을 친구로 삼으려면 반감을 갖기보다 자본이 어떻게 나를 도와주는지 이해해야 한다. 그래야 내 몸에 자본이 형성되고 나를 둘러싼 환경이 자본을 잘 축적할 수 있다. 그것이 자본을 내 편으로 만드는 방식이다.

자본을 축적하는 과정에서 가치가 창출되고 여유 있는 삶 속에서 가족 구성원과 기업 구성원, 그리고 사회 구성원이 화평하고 자유로운 삶을 누릴 수 있다.

'개같이 벌어서 정승같이 쓰라'는 말이 있지만 이는 잘못된 표현이다. 수단과 방법을 가리지 않고 부를 축적하기보다 가치를 창출하는 과정에서 남을 도와야 한다.

가치 창출이란 '이익을 남긴다'는 뜻이다. 자발적인 거래활동으로 인해 그 물건을 소비하는 사람이 더 나아질 수 있도록 하는 일이다. 비용을 아끼고 편익이 높아지도록 돕는 것이다.

가치 창출은 '도와준다'는 뜻이기도 하다. 사람들이 100원을 써서 해결하던 것을 50원에 해결할 수 있도록 도와주는 것이 바로 기업가가 하는 일이다. 조금이라도 더 비용을 아끼고 만족이 높은 상태를 찾아내는 것이 가치 창출의 기본 정신이다.

핸드폰이 짧은 시간에 전 세계인이 애용하는 보편적인 장치가 된 이유는 사람들의 시간을 엄청나게 절약해주었기 때문이다. 핸드폰이 단순한 통화기기 또는 게임기였다면 이렇게 엄청난 소비가 일어나지 않았을 것이다.

더 편리하고 성능이 좋아졌는데도 가격이 예전과 동일한 자동차가 나온다. 훨씬 빠르고 기능이 많은 노트북이 저렴한 가격으로 출시되기도 한다. 혁신과 생산성 향상을 통한 비즈니스가 가치 창출을 가져온 것이다. 사람들이 원활하게 일하도록 도와주는 것이야말로 가치 창출의 효능이다. 상인들이 소비자로 하여금 시간과 돈을 절약하게 해준 것은 가치 창출에 성공했다는 근본적인 척도가 된다.

자본 친화적 활동이 대한민국 발전시켜

자본주의가 발달한 나라는 그렇지 않은 나라에 비해 생산성이 높다. 자본이 있어 가능한 일이다. 자본의 힘으로 기업이 새로운 방식을 찾아내는 건 당연한 일이다.

후진국은 선진국에서 실행하고 있는 것을 따라가기만 해도 성장할 수 있다. 하지만 후진국은 정치논리에 휘둘려 그것마저 실행하기 힘든 지경에 처해있다. 후진국은 경제가 성장하는 자본친화적인 패러다임으로 바꿀 태도를 갖추지 못한다. 경제가 성장하는 능력이 자본에서 나오는 것인데도 불구하고 자본에 대한 우호적인 환경을 만들지 못하기 때문이다.

선진국은 더 나은 방식을 찾아내며 계속 앞질러 간다. 자본 친화적 문화 속에서 새로운 비즈니스, 더 나은 사업 방식을 찾아내기 때문이다. 미국은 가장 혁신적인 벤처 비즈니스를 계속 배출하고 있다. "끝까지 다 온 것 같다, 더 이상 뭐가 있겠어"라고 말할 때도 미국은 더 나은 비즈니스 모델을 찾아내곤 한다.

한국전쟁 직후 세계에서 가장 못사는 나라였던 대한민국이 크게 발전했다. 북한은 밑바닥 수준 추락했지만 우리나라는 세계 6위 무역국으로 성장했다.

그 비결에 대해 '우수한 국민성' 운운하는 견해가 많은데 나라가 발전하는 건 머리 좋은 것과 상관이 없다. 북한 사람들도 우리 못지않게 머리가 좋다. 북한의 개성상인은 매우 부지런했고, 북한 지역은 기독교인이 활발했던 곳이다.

대한민국이 눈부시게 성장한 것은 '자본 친화적 활동'을 한 덕분이다. 기업은 물론 개인도 자본주의 사회가 고도로 발달된 문명체라는 것을 받아들인 결과다. 앞으로 더욱 발전하려면 자본주의를 이해하고 자본주의의 장점을 어떻게 향유할 것인지 고민해야 한다.

안타깝게도 우리 사회에는 자본에 대한 반감, 혹은 몰이해로 사회주의 이념에 젖은 사람들이 있다. 친사회주의적 사고는 자기 발전을 가로막고 자신을 함정에 빠뜨릴 우려가 있다. 자본주의 발달을 통해 문명이 고도화됐고, 사람들이 성숙하고 자유로워졌다는 걸 명심해야 한다.

자본 축적 위에서 민주화 안정

북한은 예전이나 지금이나 세계 최하위권이다. 반면 우리나라는 가난에서 벗어나 대부분 중산층이고 극빈층은 아주 적다. 1948년 대한민국을 건국한 이승만 대통령은 한미동맹을 맺어 국방을 튼튼히 하면서 반공을 우선시했다.

박정희 대통령은 한미동맹을 이어가면서 친자본을 선택해 일본을 비즈니스 관계로 대했다. 친시장적이고 친무역적인 개방정책을 채택한 이상 일본과 가깝게 지내는 것은 필수사항이었다.

1970년대 한국, 대만, 싱가포르, 홍콩이 일본에 이어 개방에 성공하면서 '아시아의 네 마리 용'으로 떠올랐다.

'부자가 되려면 부자 동네로 이사 가라'는 말이 있는데 국가가 부강해지려면 선진국처럼 생각하고 선진국처럼 행동

해야 한다. 개방적인 사회를 지향하며 관용의 태도를 갖고 외부와 교류해야 한다. 교류는 곧 경쟁을 촉진하는 바탕이 된다. 북한 같은 폐쇄적인 사회는 경쟁할 수 없으니 당연히 성공과 멀어진다.

이승만 대통령으로 인해 친자본적이고 친시장적인 미국과 가까워졌고, 박정희 대통령이 일본과 유연한 관계를 맺으면서 우리나라가 성장의 길로 들어섰다. 일본의 기술을 잘 활용해 우리나라가 발전한 것은 익히 알려진 사실이다. 박정희 대통령은 자유무역세계로 나아가 외부와 교류하고 친자본적인 정책으로 자본을 축적해 나가도록 낡은 제도를 혁신했다.

주변국가와의 무역은 확대해도 좋지만 그에 앞서 먼저 '제도와 문화'를 점검해야 한다. 친중노선은 자칫 공산주의에 물들 수 있기 때문이다. 그런 의미에서 교류는 하되 중국의 문화와 제도까지 모방하려는 것은 아닌지 신중하게 접근해야 한다. 중국과 물건을 사고파는 건 얼마든지 가능하지만, 국가시스템은 철저히 자유민주주의 국가다워야 한다.

박정희 대통령 시대에 자본 축적이 이뤄지면서 1980년대부터 중산층이 늘었고 그 바탕에서 민주화가 달성됐다.

자본 축적 없이는 사회안정성 구축이 어려워 민주사회를 유지할 수 없다.

외환위기 이전까지만 해도 대부분의 국민이 스스로를 중산층이라고 여겼다. 취업이 어려워지면서 중산층이 무너졌다는 말들이 나오기 시작했다. 경제성장세가 꺾이면서 심리적 박탈감이 커진 것이다.

사회주의 정책을 실시하면 경제성장이 위축되어 중산층이 흔들릴 수밖에 없다. 평등정책을 펼치면 부익부 빈익빈 현상이 심화되기 때문이다. 자본 축적이 용이한 사회에서는 중산층이 늘어나면서 빈부격차가 줄어들지만, 반자본주의 정책 속에서는 중산층이 무너지면서 불평등이 심화된다.

아시아의 '네 마리 용' 가운데 홍콩은 중국에 반환되면서 뒤처지게 되었고, 우리와 비등했던 대만이 글로벌 대기업인 TSMC의 약진으로 앞서 나가고 있다.

우리와 어깨를 나란히 했던 싱가포르는 현재 미국에 육박하는 수준으로 고도성장을 이루었다. 별다른 기술 없이 단지 자본 친화적인 정책으로 싱가포르는 아시아를 대표하는 세계적인 금융 허브로 부상했다.

자본과 '친숙해질 결심'을 하라

 가장 잘된 방식을 채택하는 것이 성공으로 가는 길이다. 지금까지 잘됐고 앞으로도 우리 삶을 가치 있게 만드는 자본친화적 생활방식을 더 고도화하고 문명화해야 한다. 막연한 반감으로 자본을 적대시하면서 사회주의 방식을 가미하는 것은 몰락으로 가는 길이다. 사회주의 정책이 사회 각 분야를 오염시키고 낙후하게 만드는 건 매우 안타까운 일이다.

 우리를 위협하는 적은 내부에 있다. '평등 지상주의, 시기심과 질투심' 같은 원시적 본능에 사로잡혀 사회적 갈등이 곳곳에 번져나가면 사회 질서가 전체적으로 후퇴하게 된다.

 고도로 발달된 자본주의 사회도 원시적 본능에 늘 위협당한다. 혹여, 상식처럼 이야기해온 자신의 주장이 사회주의적 논리인 줄도 모르고 반자본적 캠페인을 펼치는 건 아닌지 돌아봐야 한다.

 단순히 돈을 모을 게 아니라 자본화된 방식으로 우리 사회의 문명을 쌓아 나가야 한다. 위대한 유산, 헤리티지를 다음 세대에 넘겨주는 것이 우리 모두가 마땅히 해야 할 일이다. 자본이 발달된 방식, 지속적인 가치 창출에 도움을 주는 방식을 유산으로 남겨야 한다.

막 사회생활을 시작하는 사람이라면 '자본과 친숙해질 결심'을 하라. 자본 활용 방식을 배우고, 자본이 축적될 수 있도록 노력하는 것이 자본에 친숙해지는 길이다. 내가 축적한 노하우와 내가 쌓은 경험은 나만이 가진 소중한 자본이다. 단순히 지식에만 매몰되지 말고 지혜를 발휘해 가치를 창출하면서 사람들이 더 나은 삶으로 나아갈 수 있도록 도와야 한다. 그러한 혁신을 통해 자신도 세상도 더 나아질 수 있다.

사회정의와 공정을 외치던 개인들의 선호가 경제적 자유를 원하는 바람으로 바뀌었다. 그 경제적 자유를 얻으려면 자본과 친숙해져야 한다. 자본을 정확히 알고 자본을 잘 활용하고 축적하는 사람이 늘어날수록 잘 사는 나라가 되고 개인의 삶은 풍요로워질 것이다.

자본을 적대시하지 말라

자본주의라는 단어 때문에 자본에 대해 거부감을 나타내는 사람들이 있다. '자본주의는 자본의 논리만 있고 비인간적이다'라는 생각에 빠져 거리감을 느끼는 듯하다. 이러한 반감은 자본을 제대로 이해하지 못하는 데에서 비롯된 것이다.

자본을 오해해서 멀리하면 멀리할수록 손해는 결국 자신에게 돌아가고, 가족과 이웃까지 가난하게 만든다. 자본은 좋은 성과가 쌓여서 이루어진 것이고, 그 자본은 근본적으로 삶을 이롭게 하는 과정에서 축적된 것이기 때문이다.

자본에 반감을 품으면 제대로 활용할 수 없다. 축적된 자본으로 여러 이로운 활동을 해야 하는데, 적대시하면 작동

될 리 없다. 자칫 자본을 억압하는 상황이 오면 개인적으로나 사회적으로 폐해가 발생한다.

자본주의의 반대는 사회주의 시스템이다. 자본주의는 '사유재산제에 바탕을 두고 이윤 획득을 위해 상품의 생산과 소비가 이루어지는 경제체제'를 뜻한다. 반면 사회주의는 '개개인의 의사와 자유보다 사회 목표를 집단적으로 추구하는 이데올로기'이다.

마르크스는 《자본론》이라는 책에서 '우리가 살아온 삶은 자본이 축적되는 방식'이라고 설명하면서 자본을 비판했다. 자본이 인간을 소외시키거나, 인간이 자본의 노예로 전락할 우려가 있다는 것이다.

현실은 어떤가. 자본이 축적되는 과정에서 인간의 삶은 향상되었다. 마르크스는 축적된 자본에 의해 사람들의 삶이 더 나아질 수 있다는 사실을 간과했다.

그럼에도 자본에 대한 반감을 주장한 마르크스의 이론을 따르는 사람들은 자본이 축적되는 과정을 억제하거나 자본의 활동을 방해하는 제도를 만들었다. 그 현상이 국가 전체적으로 나타난 것이 공산주의 사회이다. 공산주의는 '사유재산제도의 부정과 공유재산제도의 실현으로 노동자의 천국을 꿈꾸는 사상'을 뜻한다.

자본주의 속 반자본주의

 선진국이라고 하여 완전히 자본 친화적인 제도를 채택하는 것은 아니다. 1930년대 공산주의 국가들이 힘을 발휘하자 유럽의 많은 나라, 심지어 미국조차도 사회주의적 흐름에 동화되어 사회주의와 반자본주의 방식의 제도와 규제를 많이 받아들였다. 이를 수정자본주의라고 부른다.
 하지만 사회주의와 반자본주의 정책을 적당히 포용한 나라는 그만큼 발전이 더디게 이루어졌다. 당연히 자본 축적도 덜 이루어졌다. 기업을 규제하거나, 자본 축적을 방해하거나, 자본가의 투자 활동을 억제하는 경제정책을 시행했기 때문이다. 그로 인해 경제가 탄력적이지 못하고 경직적인 상황이 초래됐다. 사람들의 삶은 풍요와 멀어졌다.
 그런 영향으로 미국에서 대공황이 심화했고, 장기적인 침체 상태에 빠지게 됐다. 그 여파가 1970년대까지 몰아닥쳐 엄청난 인플레이션 현상이 나타났다.

1980년대부터 경제정책이 다시 고전적인 자유주의 정책으로 바뀌었다. 사회주의 국가들이 점점 쇠락하면서 그 방식이 잘못되었다고 인식했기 때문이다. 친자본적인 성향으로 경제정책이 바뀌면서 세계 경제가 급속한 성장세로 돌아섰다.

미국의 레이건 대통령, 영국의 대처 총리 같은 리더들이 친자본주의 제도를 강화하면서 정치개혁에 성공했다. 유럽의 많은 나라에서 사회당이나 노동당이 과거의 노조정책이나 반자본주의·반기업 정책을 걷어내고 제3의 길이라고 일컬어지는 친자본 정책을 받아들였다.

1980년대의 자유주의 물결이 10년 정도 세계를 휩쓸었다. 그 영향력은 대단했다. 10년이라는 세월 동안 자유주의 물결의 압박으로 인해 공산주의 국가 소련이 무너진 것이다.

계속되는 사회주의 위협

1990년대 이후 자유무역 속에서 글로벌 경제가 형성되고 세계가 빠르게 성장하면서 자본주의가 전 세계 표준이 되었다. 미국의 정치학자 프랜시스 후쿠야마는 동유럽과 소련의 사회주의·공산주의 체제의 붕괴와 자유민주주의 승리를 칭송하며 《역사의 종언》이라는 저서를 통해 '역사는 종언하였다'고 선언했다.

하지만 사회주의가 완전히 사라진 것은 아니다. 공산주의 진영이 몰락했지만 여전히 중국과 북한, 베트남 같은 나라가 유지되고 있다. 러시아는 자본주의를 채택하고 있지만 통제국가일 뿐이다. 러시아가 좀 더 자본 친화적인 문화와 제도를 갖추고 자유주의 정책을 채택해야 성숙한 자본주의로 갈 수 있을 것이다.

요즘 중국 경제는 주춤하고 있지만 베트남은 발전을 거듭하고 있다. 중국은 개혁 개방을 이끈 등소평이 재산권과 자유 무역을 어느 정도 인정하면서 발전했고, 베트남은 중국을 따라 도이모이 정책으로 자본주의를 접목하면서 성장하고 있다.

중국과 베트남은 자유무역과 개방 정책을 쓰면서 성장했지만 공산주의라는 근본적 장벽에 가로막혀 있다. 중국은 이미 한계가 왔고 베트남은 현재 발전하고 있으나 언젠가는 공산주의 체제의 한계에 직면하게 될 것이다.

성장하는 나라들은 국민소득 8천~1만 달러에서 사회적 변화의 압박을 받기 마련이다. 우리나라는 1980년대 시장경제를 받아들이면서 선진국으로 도약할 수 있었다. 그러나 공산주의 국가는 이념의 한계로 인해 시장경제를 받아들이지 못하고 위기를 맞으면 이를 극복할 수도, 발전할 수도 없다. 지금 중국이 주저앉은 건 그 때문이다. 중국은 토지 사용권만 인정하고 소유권은 인정하지 않는다. 베트남이 발전하는 것은 개방정책을 쓰고 개인에게 부분적으로 사유재산을 인정한 덕분일 뿐이다.

한국과 일본을 포함한 많은 선진국에도 여전히 반자본주의와 사회주의 정책이 남아있다. 사회주의는 '인간의 시기심과 평등의식'이라는 원시적 본능에 힘입어 완전히 사라질 수 없다. 인류가 계속되는 한 자본주의는 끊임없이 사회주의의 도전에 직면할 것이다. 평등한 사회를 지향하는 사회주의는 사람들의 마음을 직관적으로 끌어당기기 마련이다. 평등을 내세우면 그럴듯한 정치적 명분이 만들어지기 때문이다. 하지만 평등을 앞세우면 자유가 위축되고 자본의 활동성이 떨어지면서 사회의 활력까지 저해받는다.

러시아를 비롯한 몇몇 나라가 공산주의 체제에서 벗어나긴 했지만 자본이 활동할 수 있는 조건을 갖추지 못했다. 반자본적인 심리가 사회에 뿌리 깊게 자리 잡아 자본과 기업이 오해와 질시의 대상이 되고 있다.

선진국가로 성장하려면 자유로운 자본 활동을 보장하는 제도가 정착되어야 한다. 안정적인 여건이 마련되지 않으면 자본은 다른 나라로 가거나, 숨어버리거나, 사라져버린다. 친자본적인 환경이 아주 정교하면서도 튼튼하게, 장기적으로 사회에 뿌리를 내려야 한다. 친자본과 반자본을 넘나드는 불안한 상황이 되풀이되면 자본은 어느 틈엔가 사라지고 만다.

자본주의를 채택한 나라여도 사회주의 정책이 강화되면 자본이 해외로 빠져나가 버린다. 그뿐 아니라 해외 자본의 유입도 힘들어진다. 자본은 언제든 자유롭게 이동할 수 있고, 축적하기 좋은 곳을 찾아간다. 자본에 대한 반감이 사라지고, 자본에 대한 믿음이 지속돼야 그 사회에 자본이 넘쳐나게 된다.

자본이 있어야만 새로운 성장동력도 찾아낼 수 있다. 자본이 제 역할을 해야 생산성이 높아지면서 풍요가 다가온다. 경제성장을 원한다면 그 사회가 먼저 해야 할 것은 자본 친화적 정책을 채택하는 일이다.

자본주의 사회임에도 불구하고 정권에 따라 반자본주의 정책을 채택하는 경우가 있다. 사회주의 정책이 심화되면 해외로 이민 가는 사람이 많아진다. 반자본주의 정책으로 인해 자본은 불리해진 환경을 떠나 우호적인 곳으로 옮긴다. 자본을 보유하고 있는 자본가라면 누가 빼앗을지도 모르는 상태에서 그대로 자본을 남겨 두겠는가.

6·25 때 북한의 기독교인들과 자본가들이 대거 월남했다. 지식이 많고 돈이 많은 사람들이 한국으로 오니까 북한은 빈 껍데기가 되고 한국은 활력이 넘쳤다. 자본에 우호적인 태도를 가진 사람들은 돈을 잘 벌고 성공하기 마련이다.

자본은 본질적으로 좋은 것

자본을 적대시하는 사회는 후회할 수밖에 없다. 사회주의를 표방했거나 사회주의 정책을 채택한 나라들은 대부분 망했다.

중국이 홍콩을 점령하자 자본과 사람들이 탈출 러시를 이뤘다. 중국이 홍콩의 자본주의 제도를 바꾸지 않겠다고 했지만 자본가들은 약속이 지켜지지 않을 걸 알고 미리 빠져나갔다. 유명 홍콩 배우들도 미국의 헐리우드로 무대를 옮겼다. 그로 인해 싱가포르와 대등했던 홍콩 경제가 점점 뒤처졌다. 홍콩은 앞으로도 소멸 과정을 겪을 수밖에 없다. 자본은 억제하면 떠나게 되어 있다.

자본이 떠나면 사회는 황폐해지고 가라앉을 수밖에 없다. 문명화된 질서가 우리를 쾌적하고 풍요롭게 하고 안정감과 함께 편리함을 준다. 그런데 사람들은 문명이 마치 우리를 피곤하게 하는 것으로 오해한다. 자본에 대한 반감이라는 원시적 본능은 사람들로 하여금 문명화된 도시를 거부하게 만든다. 원시적인 것을 선호하여 "자본이 너무 힘들게 해, 너무 치열하고 힘들어"라며 자연으로 돌아가자는 구호를 외친다. 실상은 원시적인 자연이 더 힘들고 무섭고 괴로운 것이다. 야생이나 원시적인 사회야말로 폭력과 무질서, 예측 불가능한 일로 인해 사람을 힘들게 한다.

자본은 우리가 살아가면서 쌓은 결과물이다. 과거에는 쌀을 생산하거나 돈을 벌면서 남은 것들을 축적했다. 산업혁명이후에는 기업을 통해 가치를 쌓아 나갔다. 그렇게 쌓인 자본은 삶의 근본적인 에너지이며 더 좋은 결실을 얻게 할 자산이다.

자본은 본질적으로 좋은 것이다. 나에게도 좋지만 남을 위해 사용할 수도 있다. 타인이 마음놓고 자본을 쌓고 사용할 수 있게 해주는 것이야말로 현실적이고 이상적인 방식이다. 좋은 것들을 남에게 쓸 수 있도록 허용하는 친자본적인 제도가 정착되어야 한다. 아울러 사회주의적이고 반자본주의적인 규제나 정책은 줄여나가야 한다. 자본주의의 순수성을 높여야 사회의 활력을 유지하고 발전할 수 있다.

사람은 자본을 만들고 자본을 축적하면서 더 나은 삶을 만들어간다. 미래는 자본에 의해 더 나은 방식으로 발전해 나갈 수 있다. 자본이 풍요로운 미래를 만들어갈 원동력이다.

자본을 유산으로 물려주자

유산이라고 하면 대개 부동산과 현금을 떠올린다. 부모가 세상을 떠날 때 특별한 유언을 남기지 않으면 법률에 따라 자녀들이 부동산과 현금을 분배받게 된다. 그게 제대로 이뤄지지 않아 형제간에 피비린내 나는 싸움을 하다가 정말 피를 부르는 일까지 있다.

돈이나 건물 같은 유산을 받으면 당장은 풍요로워지겠지만 여러 가지 폐해가 나타날 수 있다. 갑자기 목돈이 생기면 쉽게 돈을 벌 수 있다는 생각에 나태해지거나 타락의 길로 들어 서기 쉽다.

단순한 돈이 아닌 자본을 유산으로 받는다면 자신뿐만 아니라 집안과 국가, 나아가 세계인까지도 풍요로워질 수 있다. 계산해서 딱딱 분배받는 돈보다 진정한 가치를 창출하는 자본을 물려주고 그런 유산을 받아서 더 큰 가치를 창출하는 게 바람직하다.

지식을 물려주는 미국 부모들

미국은 올바른 유산을 물려주자는 헤리티지 Heritage 운동을 오래전부터 펼쳐왔다. 미국 헤리티지재단은 '자유, 기회, 번영, 시민 사회 번성'이라는 미션을 내걸고 미래 세대에 좋은 유산을 물려주기 위해 다양한 활동을 벌이고 있다.

미국의 헤리티지 운동은 단체뿐만 아니라 개인에게도 널리 퍼져있다. 미국 부모들의 뜨거운 교육열은 세계적으로도 유명하다. 미국 부모들은 자녀가 돈보다 평생을 살아갈 지식 자본을 쌓을 수 있도록 온 힘을 기울인다. 양질의 교육을 통해 자식을 능력 있는 전문인으로 성장시켜 역경을 헤쳐나갈 수 있도록 돕는 것이다. 단순한 물질이 아니라 자본화된 유산을 물려주려는 정신을 갖고 있기에 가능한 일이다.

한국의 사교육 시장이 팽창한다고 우려하지만 미국 사교

육 시장은 비교도 안 될 정도로 방대하다. 유치원부터 초중고등학교까지 사립학교 시스템이 잘 발달되어 있다. 튜터가 종일 보살피는 가운데 미국 아이들은 과외수업과 다양한 체험학습으로 풍부한 지식을 습득한다.

오바마 전 대통령이 미국의 공교육을 비판하며 한국의 교육제도를 본받아야 한다고 말한 바 있지만 미국의 사립학교 시스템은 그 어느 나라도 따라갈 수 없을 정도로 탄탄하다. 사립학교에서 교육받은 우수한 아이들이 세계 최고의 대학에서 공부하며 미국을 지탱할 힘을 키운다.

미국의 부모들은 자녀를 좋은 대학에 보내기 위해 엄청난 돈을 기부한다. 아이에게 돈이 아닌 좋은 교육 기회를 물려주기 위함이다. 미국 부모들은 자녀가 능력 있는 인물이 되도록 돕는 일이야말로 유산의 자본화라고 생각한다. 미국의 기부입학 제도는 오래전에 정착되었다. 부자 자녀의 입학으로 대학 재정 상태가 좋아지면 수많은 학생이 혜택을 받는다는 인식 덕택이다. 미국사회에 기부입학제에 대한 거부감이 없는 것은 들어가기는 쉽지만 졸업하기가 엄청나게 어렵기 때문이다.

우리나라는 평등의식이 강해 기부 입학제를 실시하지 못

하고 있다. 학생들의 등록금만으로 대학을 운영하다 보니 재정이 빈곤할 수밖에 없다. 그 결과 아직도 재래식 화장실을 사용하는 대학이 있다고 하니 한심하고도 안타깝다.

훌륭한 자본이 많아야 번성한다

수백 년 전부터 가업을 이어오면서 가문을 형성해 온 유명한 집안들이 있다. 국제적 금융기업을 보유하고 있는 유대계 금융재벌 로스차일드 가문이 대표적이다. 6·25 전쟁을 치르고 근대화를 이룬지 50년이 채 안 되는 우리나라는 그동안 가문을 형성할 여력이 없었다.

우리나라에 집안마다 대대로 내려오는 족보가 있지만 가문과는 분명한 차이가 있다. 조선시대에는 족보가 없는 집안에서 돈을 주고 족보를 구입해 양반 역사를 만들기까지 했다. 양반이라는 족보가 과연 자본으로서 가치가 있을까? 당시 양반 족보는 특권과 권력을 상징했다. 이를테면 지대추구地代追求, 즉 '별다른 노력 없이 이득을 얻기 위해 비생산적이고 부당한 활동에 경쟁적으로 자원을 낭비하는 행위'와

같은 것이다. 초과 이윤을 요구하는 지대 추구^{rent-seeking}와 다름없으니 올바른 유산이라고 할 수 없다. 권력과 특혜, 기득권은 결코 자본이 될 수 없기 때문이다.

그에 비하면 가수의 자녀가 맛깔나고 찰지게 노래 부르는 건 또 다른 자본이다. 의사 아버지가 아들과 의료기술에 대해 대화하면서 의학 지식을 전수해주거나 한의사가 침술을 전수해주는 것도 유산의 자본화이다. 마트를 운영하는 아빠 덕에 어릴 때부터 장사수완을 배우거나 보일러공 아버지한테 기술을 배워 아버지 못지않은 솜씨를 발휘하는 것도 유산의 자본화라고 할 만하다.

돈이 아닌 지식을 후손에게 물려주어 그 지식이 가치를 발휘하면 사회자본이 되는 것이다. 훌륭한 자본이 많은 사회가 번성하는 것은 너무도 당연한 일이다.

일본이 세계 최고의 도자기 수출국이 된 배경에는 조선 사람의 기술이 있었다. 조선시대 때 일본으로 끌려간 도공도 있지만 자발적으로 일본으로 간 조선인도 있다. 일본이 도자기 가문을 이어갈 수 있도록 배려하고 필요한 것을 제공했기 때문이다. 좋은 여건이 조성되자 일본으로 건너간 도공이 조선으로 와서 친구를 데려가기까지 했다. 일본은 대대로 가업을 이어가는 가문이 많은데 조선인의 훌륭한 도자기 기술을 일본에서 펼칠 수 있도록 도와 도자기 수출국이 된 것이다.

우리나라의 고려청자 기술이 전수되지 못한 것은 자본으로서의 유산이라는 개념을 미처 깨닫지 못했기 때문이다. 가치를 창출하는 지식을 자녀뿐만 아니라 자본으로 남겨 계속 이어갈 수 있도록 하는 일은 너무도 중요하다. '내 양념 비법은 며느리도 몰러'라는 광고 문구가 크게 히트 쳤는데, 시어머니가 며느리에게 알리지 않고 세상을 떠나면 그 비법은 사라지고 만다. 그 비법이 그 가문으로, 나아가 사회로 이어질 수 있도록 자본화하는 일이 중요하다는 걸 명심해야 한다.

가문이 형성되기 시작한 한국

다행히 우리나라에서도 2대, 3대로 좋은 유산을 이어가는 집안이 늘어나고 있다. 요즘 가수나 배우의 2세 혹은 3세의 활동이 많아졌다. 특혜 논란 때문에 대개 부모의 이름을 밝히지 않고 시작했다가 나중에 밝혀지면 "어쩐지 다르다 했다"는 말이 나온다.

운동선수 출신 부모들은 자녀가 어릴 때부터 작심하고 운동을 가르치기도 한다. 뛰어난 신체조건과 운동하는 방식을 물려받은 자녀가 뻗어나갈 수 있도록 돕는 것이다. 법조인 집안에서 법조인이 나오고 의사 집안에서 의사가 나오기 시작하면서 가문이라는 개념이 우리나라에서도 조금씩 형성되고 있다. 부모가 잘하는 것을 자녀에게 물려주고 그 자녀가 뻗어나갈 수 있도록 돕는 것이야말로 지적 유산을 물려주는 헤리티지 정신이다.

진정한 헤리티지는 자녀를 넘어 사회로 가치를 확산시키는 일이다. 최근 연예기획사의 독점에 대해 공격하는 목소리가 나왔는데 K팝이 발전하면서 몇천억 원 대의 부자가 나오는 건 박수를 칠 일이다. K팝이 1세대, 2세대로 이어지면서 문화적 노하우가 쌓이고 그 노하우를 누구든 활용하여 더 좋은 K팝이 나올 수 있도록 해야 한다. 그런데 "독점은 나쁘다"며 공격하는 건 우리 사회의 좋은 유산을 사라지게 만드는 일이다. 자신도 모르게 자본을 비판하며 우리 사회의 유산을 소멸시키는 일에 가담하고 있는 건 아닌지 늘

점검해봐야 한다.

우리나라는 유독 기업에 냉정하다. 4세 경영인까지 배출한 기업이 활발한 활동을 이어가고 있지만 그 기업을 바라보는 시선이 곱지 않다. '나는 물려받은 게 없는데 저 사람은 왜 받았나'라는 시기심이 정서에 깔려있기 때문이다. 그 생각을 반영한 것이 바로 상속세이다. 정치권이 반자본 논리에 치우치다 보니 우리나라 상속세 세율이 세계에서 가장 높은 지경까지 이르렀다.

우리나라에서 세계적인 기업 삼성이 나온 건 자랑스러운 일이다. 삼성이 더욱 발전하도록 격려해야 하건만 공격하는 소리가 끊이지 않고 있다. 인간의 원시적 본성을 제어하지 못한 사람들이 그만큼 많기 때문이다.

따지고 보면 나라가 제도적으로 시기심 발동을 허용한 셈이다. 상속세를 통해 감정을 분출할 통로가 마련되어 있는 데다 기업이 조금만 잘못하면 엄청난 공격이 쏟아진다. 가치 있는 자본을 다음 세대에 물려줘야 하는데 잘못된 반자본주의 인식이 끼어들면 아까운 자본이 소멸할 수 있다는 걸 명심해야 한다.

전두환 정권 말기에 5공 헌법을 제정하면서 만든 경제민주화 조항이 노태우 정권부터 시행되면서 반기업 정서와 친노조 정책이 형성되었다. 그 기조가 이어지면서 수십 년째 경제성장률이 하락하고 있다.

자본은 오랜 기간 작동하는 속성을 갖기에 장기적으로 일관된 정책을 우호적으로 실행해야 한다. 적어도 20~30년은 내다보고 법률을 정하고 정책을 시행해야 한다. 잘못된 조항들은 없애고 좋은 자본을 후손에게 물려주겠다는 각오를 해야 할 때이다.

단순히 돈을 물려줄 것인가, 자본화된 유산을 자녀에게 안겨줄 것인가. 비단 자녀뿐만 아니라 우리 사회에도 좋은 유산을 남기도록 노력해야 한다. 바로 친자본적인 법과 제도이다. 자본화된 좋은 유산을 물려주면 가치가 점점 퍼져 나가면서 나의 후손과 우리 사회가 더욱 발전하게 된다.

자본화된 도시를 후손에게 물려주자

사람들은 땅을 대단히 중요하게 생각한다. 토지나 건물 같은 부동산에 대한 신뢰가 높아 투자 열기는 늘 뜨겁다. 우리나라에서도 서울 집을 팔면 맨해튼에 더 큰 집 산다는 말이 있을 정도로 부동산 열기가 뜨거웠다. 그런데 요즘 사람들은 서울이 아닌 맨해튼의 부동산을 사들이고 있다. 강남 집값이 인기가 높아 비싸다고 아우성인데 이미 10여 년 전부터 맨해튼으로 눈길을 돌린 것이다. 맨해튼의 부동산을 구입한 것은 서울보다 더 가치 있다고 생각했기 때문이다. 서울에 투자하는 것보다 맨해튼이 더 자본화된 땅이라는 사실을 알아본 것이다. 자손에게 물려줄 것은 돈이나 부동산이 아닌 자본이라는 사실을 새삼 환기시키는 현상이다.

자본화된 맨해튼은 어떤 도시일까. 문화적 우월성, 자본에 우호적인 정책, 뛰어난 노하우를 모두 갖춘 산업화된 도시라는 의미이다. 맨해튼 같은 자본화된 도시를 다음 세대에 물려주어야만 후손들이 이 땅을 떠나지 않고 잘 살 수 있다.

옥토의 개념이 달라졌다. 옥토는 농사가 잘되는 땅이 아닌 자본화된 땅을 뜻한다. 우리나라는 더 이상 농업사회가 아니기 때문에 농사짓는 땅이 아닌 자본화된 땅을 물려주어야 한다. 그런 의미에서 가장 자본화가 잘된 옥토는 미국 뉴욕 주의 맨해튼이다. 그래서 맨해튼을 세계의 수도라 부른다.

현재의 뉴욕주 맨해튼은 과거 원주민이 소유했던 지역인데, 매매계약에 반대하던 그들의 추장이 술에 취해서 토지매매계약을 해버렸다고 한다. '맨해튼'은 술주정뱅이라는 뜻이다. 체리를 넣어 '투명한 액체에 비치는 술집의 조명등이 마치 뉴욕의 야경과 같다'라는 의미로 즐기는 '맨해튼 칵테일'도 유명하다. 하지만 지금은 자본의 본고장이자 세계의 자본이 몰리는 곳이다.

자본화된 도시 맨해튼, 세계의 수도

후손에게 자본화된 맨해튼을 물려줄 것인가, 사막화된 이집트를 물려줄 것인가. 당연히 맨해튼 같은 도시, 자본화된 도시를 물려주어야 한다. 맨해튼을 한마디로 표현하면 '자본이 잘 작동해서 가치를 창출하기 좋은 땅'이라고 할 수 있다.

자본화된 도시에는 교통과 인프라도 중요하지만 허락된 자유가 많아야 한다. 즉 복잡하고 쓸데없는 규제가 사라져야 한다는 뜻이다. 맨해튼을 가장 자본화된 도시로 꼽는 건 교통도 발달했지만 도시가 갖고 있는 문화적 전통과 유산이 있기 때문이다. 산업화된 맨해튼은 문화적 특성, 다양성을 인정하는 정책, 뛰어난 투자방식을 많이 갖추고 있다.

맨해튼에 가보면 고층빌딩이 촘촘한데 도로는 좁다. 그럼에도 차들은 많지 않다. 비결은 거미줄처럼 얽힌 지하철망 덕분이다. 처음 간 사람은 제대로 타기 힘들 정도로 복잡하다. 요즘 '국뽕 유튜버'들이 서울 지하철이 최고인 것처럼 말하며 맨해튼의 지하철을 더럽다고 폄하하기 일쑤이다. 맨해튼의 첫 번째 지하철 노선은 1904년 10월 27일에 개통되었다. 현재 27개 노선으로 늘어났으며 24시간 운행한다. 지하철의 핵심은 아무 때나 편리하게 이용할 수 있으며 신속하게 이동할 수 있다는 것이다.

우리나라 지하철 1호선이 1974년 8월 15일에 개통되었으니 맨해튼이 70년 빨랐던 셈이다. 노후화된 맨해튼 지하철을 계속 수선해서 사용하는 건 당연하다. 최근 건설된 우리나라 지하철이 깨끗하고 우수한 건 사실이지만 초기 지하철의 노후화로 인한 재투자도 필요한 시점이다.

서울 지하철은 경기도와 인천까지 2,000만 명 넘는 수도권 시민들이 이용하고 있다. 그런데 6호선까지 만든 이후에 "노선이 너무 많은 거 아니냐"는 의견이 나오면서 한동안 지하철 만드는 일을 쉬었다. 서울 지하철을 자본 확충이라고 생각하여 많이 건설하고 주변 도심에서 서울로 쉽게 진입할 수 있도록 촘촘하게 연결하는 게 마땅했다. 그런데 도시에 대한 이해력이 떨어지는 인사들이 지하철 건설을 등한시 하는 바람에 9호선과 김포골드라인 북새통 같은 현상이 장기적으로 일어나고 있는 것이다.

서울을 자본화하겠다는 계획을 일찌감치 세웠더라면 그런 일이 없었을 것이다. 신도시를 만들 때 도로망과 지하철망을 복합적으로 연결했더라면 훨씬 체계적이었을 것이다. 도시를 형성할 때 도로는 기본 사항이다. 지하철을 지하에 건설된 도로라고 생각했다면 더 많이 건설했을 것이다. 요즘은 도로를 건설하려고 해도 이미 꽉 들어찬 건물로 인해 진행하기 쉽지 않은 상황이다.

한때 정치권에서 '서울을 농사 짓는 도시로 만들자'며 농사를 독려해 실제로 농사를 지은 사람들도 있다. 조선시대로 돌아가자는 난데없는 결정으로 인해 도시 경쟁력이 떨어지고 말았다. 한동안 서울의 경쟁력이 자본화를 외면하면서 뒤처졌지만 지금이라도 다시 활력을 되찾아야 한다.

지하철과 엘리베이터가 확보한 도시공간

롯데월드타워를 짓기까지 우여곡절이 많았다. 가장 먼저 우려한 점은 100층이 넘는 건물을 지으면 일대 교통이 마비된다는 것이었다. 도로망이 잘 되어 있다면 토지의 생산성을 고려해 빌딩을 높게 지어야 한다. 건물은 자본재 같은 것이다. 예전에는 평지에서 농사를 짓고 살았지만 엘리베이터로 건물을 오르내릴 수 있게 되면서 땅의 효율성이 높아졌다. 도시의 부동산이 건물 형태로 자리 잡으면서 땅보다 자본화된 시스템을 제공하게 된 것이다.

123층 롯데월드타워에는 사무실과 호텔, 오피스텔을 비롯해 각종 시설들이 들어차 있다. 100층 건물 내에서 엘리베이터라는 도로를 통해 사람들이 이동할 수 있게 되면서 자연히 이동 경로가 짧아졌다.

지하가 거미줄처럼 연결되고 엘리베이터로 고층 건물 내에서 웬만한 걸 해결할 수 있다면 도로 부족 현상을 줄일 수 있고 차가 막힐 이유도 없다. 맨해튼이 현재 딱 그런 상황이다. 맨해튼으로 들어가는 다리는 몇 개 되지 않는다. 게다가 맨해튼으로 들어가려면 통행료를 내야 한다. 지하철망이 촘촘하게 연결되어 있고 맨해튼의 고층빌딩에서 기거하는 사람이 많아 가능한 일이다. 지하철이 옆으로, 엘리베이터가 아래위로 연결되면서 맨해튼은 사람들이 자유롭게 활동할 수 있는 도시가 되었다.

비싼 땅일수록 공간을 많이 만들어 사람들이 자유롭게 오가며 사용할 수 있어야 한다. 경제가 성장하면 도심의 고밀도 개발은 불가피하고 당연한 일이다. 비싼 땅에 낮은 건물을 세우는 건 비효율적인 일이며 쓸데없는 낭비행위이다.

미국은 농구, 야구, 아이스하키, 미식축구 프로구단이 있어야 진정한 도시로 인정받는다. 맨해튼, 샌프란시스코, LA, 시카고 등 13개 도시가 이 네 가지를 갖추고 있다. 이들 도시는 문화가 발달해 주변지역의 허브 역할을 하는 곳이다.

우리나라의 경우 도시 안에서 웬만한 건 해결이 가능한 곳, 도시가 자본 역할을 할 수 있는 곳은 수도권과 경남권 정도이다. 우리나라 세종시나 네덜란드 덴하그는 단순한 행정도시에 불과할 뿐 도시가 자본으로써의 역할을 하지 못하고 있다. 미국의 워싱턴 D.C.도 정치 일번지일 뿐 도시 기능은 약하다.

도시가 도시의 역할을 하려면 생태계를 이루어야 한다. 부산이 그나마 도시 역할을 하는 건 가까운 울산, 창원과 경제권을 이룬 덕택이다. 부산과 그 주변 도시를 묶어 경제생태계를 연결해야 진정한 메가시티가 될 것이다. 다른 광역시들은 인근에 규모의 경제를 이룰 도시가 없다 보니 자본화된 도시로의 역할을 하기 힘든 상황이다.

서울은 경기도와 인천과 경제 유닛을 이루고 있고 도쿄

는 인근의 요코하마와 유기적으로 결합되어 하나의 생태계가 된다. 경제 생태계가 유기적으로 연결되면서 하나의 큰 메가시티 역할을 하는 것이다. 행정도 긴밀하게 협력하고 도시 안에 인프라가 형성되어 있어야 자본으로써의 역할을 할 수 있다. 국가경쟁력은 곧 도시경쟁력인 만큼 자본화된 도시를 만들기 위해 면밀하게 인프라를 구축해야 한다.

세계 5대 도시에 속하는 서울

세계 5대 도시를 고르라면 미국 맨해튼, 영국 런던, 일본 도쿄, 프랑스 파리, 대한민국 서울 순으로 꼽고 싶다. 서울을 세계 5대 도시로 인식할 수 있는 것은 대단한 일이 아닐 수 없다. 하지만 서울과 맨해튼을 비교한다면 아직도 개선해야 할 점이 많다.

서울이 맨해튼보다는 못하다지만 파리와 견주어보면 그렇게 뒤지지 않는다. 파리가 더 화려하지만 획일화되고 규격화를 요구하는 규제로 인해 활발성이 약하다는 지적을 받는다. 그런 도시에서는 창조와 혁신이 이뤄지기 어렵다.

호주의 시드니를 비롯하여 세계 각국에 아름다운 도시가 많지만 그런 도시는 산업화라는 관점에서 보면 서울에 뒤떨어져 있다. 역동적이며 자본화될 시설이 밀집된 서울은 유리한 면이 많아 앞으로 더 발전할 가능성이 크다.

인도의 도시들, 중국의 베이징과 상해는 서울보다 인구 면에서 훨씬 크지만 자유와 자본이라는 관점에서 보면 서울에 뒤떨어진다.

관광자본과 관광자원은 분명히 구별해야 한다. 중국의 만리장성과 이집트의 피라미드는 관광자원일 뿐이다. 관광자원은 대부분 폭압의 산물이다. 피라미드와 만리장성을 쌓기 위해 얼마나 많은 사람이 돌덩어리를 나르느라 고생했을까. 그 과정을 통해 그 사람들이 무슨 이득을 얻었을까. 사람들의 고혈을 짜서 만든 피라미드와 만리장성으로 그 땅의 후손들이 돈을 벌지는 모르나 바람직한 유산은 아니다. 잘된 일이 쌓여 가치를 만들어내는 것이 진정한 자본이며 유산이다.

서울이 세계의 여러 도시보다 훌륭한 시설을 많이 갖추고 있지만 맨해튼과 비교하면 아직 개선해나가야 할 점이 많다. 서울이 도시자본 역할을 하려면 컨벤션 기능도 확충

해야 하고 지식 생태계 공간도 더 활성화해야 한다. 기업과 중심 상업지역, 교육과 연구개발, 벤처까지 지식 생태계가 더 발달해야 한다. 사람들이 24시간 움직이면서 비즈니스와 삶을 영위할 수 있어야 대기업과 중소기업이 마음껏 뻗어나갈 수 있다. 도시 안에서 웬만한 건 다 해결할 수 있어야 자유로운 도시가 된다.

도쿄 관광객 숫자가 서울 관광객보다 훨씬 많다. 아울러 우리나라에서 일하는 외국인 숫자가 일본보다 훨씬 적다. 이는 법률과 서비스 면에서 우리나라가 일본보다 불편하고 배타적인 제도가 많다는 뜻이다. 외국인이 많이 찾는 도시가 될 수 있도록 속히 제도를 정비해나가야 서울이 더 큰 자유를 누리는 도시가 될 수 있다.

도쿄가 서울보다 관광객이 많은 건 느끼고 향유할 요소가 풍부하기 때문이다. 뒷골목 맛집에 가서 줄 서서 밥만 먹고 돌아오는 이들도 있을 정도이다. 그런 능력이 바로 자본이다. 사람들이 방문하고 싶고 문화를 체험하고 싶어하는 자본을 갖춘 도시가 되어야 하는 것이다.

'빨리빨리'에 올바른 개념 탑재하자

세계의 수도인 맨해튼을 따라가는 건 쉽지 않은 일이다. 하지만 빨리빨리 실행하는 우리 국민이 자본친화적인 올바른 개념을 정립하기만 한다면 못할 것도 없다.

전쟁을 겪고 폐허가 된 땅에서 '빨리빨리 문화, 속전속결 습성'으로 눈부신 발전을 이룬 DNA는 후손에게 물려줄 만한 자본이다. 하지만 빨리빨리 문화로 급속히 발전한 대우는 지금 사라지고 없다. 돌다리도 두드려보고 건너는 삼성은 세계적인 기업이 되었다. 이제는 꼼꼼하고 치열함을 유지하는 가운데 빨리빨리 나아가야 한다.

서울은 경쟁력 있는 땅이다. 조선 500년에 이어 대한민국의 수도로 자리 잡아 지리적 측면에서도 동북아의 중심에 위치해 있다. 서울이 더 경쟁력을 갖출 수 있도록 정부가 자본친화적 정책을 세우고 추진해 나가야 한다. 부동산 개발 정책을 비롯한 모든 정책이 후손에게 도시자본을 물려주겠다는 장기적 관점에서 진행돼야 한다.

도시를 집중화하고 부동산의 경쟁력을 만드는 일은 긴 시간에 걸쳐 체계적으로 이뤄져야 한다. 문화도 마찬가지다. 하드웨어든 소프트웨어든 하루아침에 형성되지 않는다. 모든 것을 자본의 눈으로 바라보며 경쟁력을 길러나가야 자본화된 땅을 후손에게 물려줄 수 있다.

신용이라는 자본을 쌓아라

신용은 평판이다. 평판은 반복되는 과정을 통해 쌓인다. 한순간에 이뤄지는 것이 아니라는 점에서 신용은 자본축적 과정과 속성이 매우 비슷하다.

동서양을 막론하고 사람들은 신용을 매우 중요하게 여긴다. 보수주의의 아버지로 불리는 영국의 정치철학자 에드먼드 버크는 '한 번 신용을 얻으면 앞길은 저절로 열린다'고 말했다. '믿음이 없으면 일어설 수 없다'는 뜻의 無信不立^{무신불립}은 믿음과 의리의 중요성을 강조한 사자성어이다.

동서양을 막론하고 신용을 중요하게 생각하지만 서양의 신용이 계약주의를 바탕으로 하는 반면 동양은 혈연·지연·학연이라는 연고주의에 뿌리를 두고 있다.

많이 개선되었다고 하지만 중국은 여전히 연고주의가 작동하는 나라이다. '빨리빨리'가 우리나라를 대변한다면 중국을 대변하는 단어로는 '꽌시' 關係, 관계가 있다. '꽌시'도 '빨리빨리'처럼 외국에서 고유 명사로 쓰인다.

꽌시는 개인 간에 맺은 인연을 통해 만들어진다. 중국은 사람에 따라 물건값을 다르게 받는데 가까운 사람에게는 싸게 팔고 관계가 멀수록 물건값이 올라가는 식이다. '차등서열구조'가 중국 인간관계의 기본 원리이기 때문에 외국인이라면 '꽌시 밖의 인물'에서 '친구'까지 부단한 노력을 기울여야 중국인과 친해질 수 있다.

우리나라에서도 그동안 연고주의가 큰 힘을 발휘했다. 회사에서는 믿을만한 사람을 재무통에 앉히고 슈퍼마켓에서는 가족에게 카운터를 맡기는 식이었다. 전산화 덕분에 알바도 카운터를 보는 세상이 되었지만 과거에는 돈을 만지는 일은 가족에게 주로 맡겼다. 신용이 부족했던 사회에서 연고주의는 일종의 신용 역할을 한 것이다.

현대사회에서는 계약문화가 뿌리내렸다. 그만큼 개인의 신용관리가 중요하다는 뜻이다. 신용을 쌓는 것은 자기자본 형성의 기본이다.

약속을 지키는 능력이 신용의 핵심

신용은 단순히 약속을 지키는 걸 넘어 능력이 뒷받침되어야 확고해진다. 감당해낼 능력을 갖추는 것이 신용의 핵심인 셈이다. 일을 수행하는 능력이 삶 속에서 증명되어야 신용이 쌓이고, 신용이 쌓이면 개인도 회사도 더 큰 일을 맡을 수 있다. 신용이 새로운 가치를 창출해내는 매우 중요한 자본 역할을 한다.

사업가들이 가장 중요하게 생각하는 것은 다름 아닌 신용이다. 현대그룹을 창업한 고 정주영 회장은 생전에 뛰어난 어록을 많이 남겼는데 "사업은 망해도 괜찮아, 하지만 신용을 잃으면 그걸로 끝이야"라는 말은 지금까지도 회자되고 있다.

정주영 회장은 자서전 《이 땅에 태어나서》에서 신용을 여러 차례 강조했다.

'신용은 나무처럼 자라는 것이다. 또한 신용이란 명예스러운 것이다.'

'그 사람은 성실하다, 정직하다는 신뢰만 얻으면 그것을 자본으로 하여 자신의 생애를 얼마든지 확대, 발전시켜 나

갈 수 있다.'

이런 정신을 바탕으로 현대그룹을 발전시킨 것이다.

기업가들은 사업이 잠시 흔들려도, 손해를 봐도 신용을 목숨처럼 지킨다. 신용이 더 큰 가치를 가진 무형의 자본임을 알기 때문이다. 그래서 때때로 손실을 감내하면서까지 신용을 지키려고 애쓴다.

롯데그룹을 창업한 고 신격호 회장은 청년 시절 일본에서 신문배달과 우유배달을 했다. 청년 신격호는 정해진 시간에 정확하게 배달을 해서 사람들에게 칭찬을 받았고 점점 더 좋은 기회를 얻었다. 시간약속 관념이 낮았던 100년 전에 시간을 잘 지키는 건 매우 힘든 일이었다. 성실성으로 신용을 쌓은 신격호 회장은 점점 큰 일을 맡았고 이는 롯데그룹 창업으로 이어졌다.

연고주의가 불러온 부실 공사

시공 능력이 최고인 우리나라에서 최근 아파트 부실 공사 문제가 잇따라 발생하고 있다. 철근이 덜 들어간 아파트를 다시 짓는다는 발표도 나왔다. 공법의 진화로 인해 철근을 덜 넣어도 되는 경우가 있지만 돈을 빼돌리기 위해 철근을 덜 넣었다면 명백한 부실 공사이다. 시공사로서는 막대한 피해보다도 신용을 잃은 것이 뼈아픈 회한으로 남을 것이다.

1970년대 와우아파트가 무너진 다음 건설된 아파트들은 튼튼하게 지어져 50년이 지난 지금까지도 안전하다고 한다.

우리나라에 처음 KTX 레일을 깔 때 감리를 외국회사에 맡겼다. 시범적으로 일부 구간을 만든 뒤 탄탄하게 만들었다고 자부하며 감리회사에 부숴보라고 하자 실제로 부수었다고 한다. 진짜 부술 거라고 생각을 못 했다가 그 일을 당하자 그 다음부터 룰에 맞춰 더 단단하게 건설했다. 그래서 경부선 서울에서 대전 구간이 튼튼하게 구축되었다고 한다.

원칙대로 단단하게 짓고 감리를 철저히 하는 건 너무도 당연한 일이다. 그런데 적당히 봐주고 눈감아주다 보니 부실공사가 생기는 것이다.

우리나라 건설 시공 능력은 세계적인 데 비해 감리가 제대로 되지 않아 후진국형 문제가 불거지고 있다. 일부 지방에는 아파트 건축을 할 때 해당 지역 기업에 하청 일을 몰아주는 일이 여전히 횡행하고 있다. 여러 가지 파행을 빚은 '2023 새만금 제25회 세계스카우트잼버리' 행사 현장의 각종 공사도 수의계약으로 일부 지역의 업체들에게 몰아주었다고 한다.

우리나라가 선진국에 진입했으면서도 여전히 연고주의를 벗어나지 못한 건 부끄러운 일이다. 계약주의가 완전히 뿌리내리지 못해 신용이 확고히 자리 잡지 못한 게 사실이다.

정확하게 계약하고 약속을 잘 이행해 신용이 쌓이는 풍토로 바뀌어야 한다. 연고주의에 칸막이를 두고 나눠먹기식으로 일을 진행하면 품질을 신뢰할 수 없게 되고 신용은 낮아질 수밖에 없다. 품질보다 사람과의 관계를 중요하게 생각하는 연고주의로는 더 이상 발전할 수 없다. 계약사회로 나아가 철저히 약속을 지켜 신용 자본을 높여 나가야 한다.

연고주의에 이은 또 하나의 폐해는 정치적인 특혜로 일을 진행하는 것이다. 정부가 소비자를 대신해서 결정하게 되면 품질을 보장할 수 없고 신용을 쌓을 수 없다. 규제를 통해 선택을 강요하면 품질은 높아지기 힘들다.

반복된 선택이 신용문화 쌓는다

소비자의 반복 선택과정이 신용을 쌓는 길이다. 역 앞의 식당과 직장 근처의 식당을 생각하면 반복의 힘이 이해 될 것이다. 예전부터 역 주변 식당은 맛이 없다는 말이 있었다. 지나가는 손님들이 한 번씩 들르는 '뜨내기 시장'이다 보니 딱히 품질에 신경을 쓰지 않기 때문이다. 물론 그렇지 않은 식당도 많겠지만 말이다.

직장인들이 몰려있는 상권은 맛집이 포진되어 있다. 택시 기사들이 자주 찾는 기사식당도 대개 맛집으로 소문나 있다. 매일 식사하는 직장인, 자주 찾아오는 기사들에게 식당들이 맛있는 음식을 제공하기 위해 애쓰는 과정에서 신용이 쌓인 것이다.

반복된 소비, 반복된 선택이 신용문화를 쌓아간다. 누군가가 결정을 대신하거나, 강압과 억제가 개입하면 신용사회는 멀어진다.

평판을 쌓은 결과가 바로 브랜드이다. 브랜드는 기업의 가치를 결정하는 가장 핵심적인 요인이다. 기업이 평판을 쌓은 만큼, 소비자는 믿고 소비하는 것이다.

베스트셀러는 사람들이 그만큼 반복적으로 돈을 지불했다는 뜻이다. 베스트셀러를 구입하면 실패할 확률이 낮아지는 셈이다. 영화는 전문가 평점보다 관객 평점이 높아야 흥행한다는 속설이 있다. 평론가들은 의도나 주관적인 관점이 강한 데 비해 관객은 돈을 낸 만큼 재미와 감동이 있는지를 제대로 평가하기 때문이다.

개인 평판도 신용이다

개인이 평판을 유지하려면 현실에서 자기를 증명하고 자기 역할을 감당해야 한다. 무엇보다 지속적으로 품질을 유지해야 한다. 도자기공이 마음에 들지 않는 도자기를 깨는 건 품질 유지를 위한 결단과 자신감에서 나온 행동이다.

사회활동을 시작하려는 취업준비생이라면 스펙을 자랑하며 가능성만 제시할 게 아니라 결과물로 자신을 증명하면서 평판을 쌓아가야 한다. 가능성이 아닌 성과를 내는 능력이 신용을 불러온다.

사람들은 인맥을 중요하게 생각하지만 신용이 없는 인

맥은 부실로 이어진다. 네트워크를 통해 문제를 해결하고, 편법을 동원해 일을 성사시키는 건 오래가지 못한다. '남에게 대접을 받고자 하는 대로 너희도 남을 대접하라'는 황금률의 원칙대로 나도 줄 수 있는 능력을 갖춰야 인맥이 힘을 발휘한다.

한국 사회는 선점해서 적당히 유지하면 일을 넘겨받는 특권문화가 여전히 존재한다. 특권을 인정하는 사회에서 흔히 발생하는 것이 요령이다. 모두가 줄 서있는 상황에서 아무렇지도 않게 끼어들기를 하는 사람들이 있다. 새치기를 해서라도 빨리 가면 요령 있는 사람 대접을 받는다. 요령으로 문제가 해결되는 것처럼 보여도 금방 들통나고 만다. 요령이 통하는 사회, 요령이 유효한 수단이 되는 사회는 신용사회보다 뒤처지기 마련이다.

믿을 수 있는 대학을 기다린다

우리나라에서 신뢰를 받지 못하는 대표적인 기관 중 하나가 대학이다. 조국 사태를 통해 대학의 부실함이 여실히 드러났다. 대학 진입이 힘들다 보니 갖가지 편법이 난무하고 있다. 특히 수시 제도가 시작된 이후에 여러 편법이 동원됐고, 그 모든 것을 증명한 사건이 조국 사태이다.

조국 부부는 허위 인턴 증명서와 논문 공저자에 이름 얹기 수법을 썼는데 '이 정도의 일을 하는 아이'라고 주장하고 싶었기 때문이리라. 서류를 통한 이러한 일탈 행위는 신용사회를 가로막는 일이다. 한국에서는 추천서를 비교적 쉽게 써주지만 계약사회인 서양은 추천서를 매우 신중하고 정확하게 기술한다. 추천서를 함부로 남용하는 건 신용사회 질서에 어긋난다.

조국 사태는 교육 제도의 부실함을 드러낸 사건이다. 대학이 기준을 세워 학생을 뽑도록 허용하면 대학입시의 문제가 해결될 것이다. 여전히 제도가 획일적 강제 방식에 얽매여 있다 보니 어떤 불법이 또다시 일어나게 될지 알 수 없는 일이다. 상상할 수 없는 방식과 편법으로 자녀를 대학에 입학시키는 걸 부모의 능력이라고 생각하는 시대는 이제 끝내야 한다.

아울러 대학을 쉽게 졸업하는 제도도 바꾸어야 한다. 속여서라도 들어가기만 하면 무조건 졸업하는 제도로는 신용을 쌓기 힘들다. 일단 들어가면 다 졸업하니 '대학 나왔으면 이 정도 인재일 거야'라는 예측이 불가능하다. 교수들이 과감하게 F를 줘서 공부 안 하는 학생, 못하는 학생, 불성실한 학생은 탈락시켜야 대학의 평판이 쌓인다.

미국의 유명 대학들은 입학생의 30~40%를 중도 탈락시킨다. 그런데 우리나라는 부정한 방법으로 입학해도 졸업하니 대학을 믿을 수 없는 것이다. 대학이 학생을 탈락시키지 못하는 이유는 등록금 수입에 의존해 학교를 운영하기 때문이다.

그나마 졸업생의 능력을 평가할 수 있는 지표는 학점이다. 학점이 그 사람을 알 수 있는 가장 좋은 정보인데 기업 공개채용 때 학교와 학점을 블라인드 처리하기도 한다. 이는 잘못된 일이다. 학점은 그 사람의 성실성과 문제해결 능력을 가늠해볼 수 있는 가장 중요한 정보인데 그걸 가리면 무엇으로 판단하란 말인가.

신용은 평판에서 나오고 평판이 좋은 회사와 개인은 브랜드를 갖게 된다. 이를 위해 회사도 개인도 능력을 증명해 평판을 쌓고 브랜드를 획득해야 한다. 신용이 쌓이면 많은 기회가 다가온다. 신용은 곧 자본이기 때문이다.

자본과 투자

제2장 자본이 일해야 성과가 난다

돈이 쌓이면 자본인가?

　　　　　　　　돈과 자본을 동일시하기 쉽지만 같은 개념이 아니다. 금고에 5만 원권 3,000장을 쌓아두면 그냥 돈일 뿐이다. 그 돈을 활용하여 가치를 창출할 때 비로소 자본 역할을 한다.

　신대륙을 발견한 후 많은 유럽 국가가 아메리카 대륙으로 향했다. 스페인과 포르투갈도 열심히 신대륙을 드나들며 금을 포획했다. 중남미에서 금을 많이 갖고 와서 쌓아두었지만, 이상하게도 이전보다 나아진 게 없었다. 이게 바로 중상주의 사회의 폐해이다.

　중상주의는 자본주의와 다르다. 중상주의 시대에는 금·은과 같은 귀금속을 쌓으면서 부를 증대시킨다고 여겼다.

그런 개념 아래 유럽의 각국이 경쟁적으로 식민지 정복에 나섰다.

'돈과 금을 잔뜩 쌓아두는 것으로는 삶이 나아지지 않는다'는 사실을 깨닫고 생각의 틀을 바꾼 것이 바로 자본주의이다. 1776년 애덤 스미스는 《국부론》을 통해 생산을 강조했다. 사람들이 생산한 만큼 소비할 수 있고, 그로 인해 잘살게 된다는 경제이념을 깨닫기 시작하면서 본격적인 자본주의 시대가 열린 것이다.

자본주의는 돈을 쌓아놓기보다 그 돈을 활용해 가치를 만들어내는 것에 의미를 둔다. 5,000만 원으로 회사를 설립했다고 하자. 기계와 자동차 등을 구입해 돈을 벌어들이는 데 쓰면 5,000만 원은 단순한 돈이 아니라 자본이 되는 것이다. 100억 원으로 기계를 사서 공장을 세우든, 어떤 방법으로라도 생산을 하고, 그 생산이 소비를 통해 가치로 되돌아와야 돈이 자본의 역할을 한다는 뜻이다.

돈을 활용해 가치를 만들면 소비 여력이 생기고, 그 소비가 또 다른 가치를 만들기도 한다. 예를 들어 트럭을 활용하여 농산물을 판매하거나 푸드트럭을 운영한다면 단순한 소비가 아니라 가치를 만드는 자본재가 되는 것이다.

내 돈을 자본으로 활용하라

신약성경에 돈과 자본을 잘 설명한 예화가 있다. 마태복음 25장에 등장하는 이야기로, 어떤 주인은 타국에 가기 전에 세 명의 종들에게 각각 금 5달란트, 2달란트, 1달란트를 맡겼다. 오랜 시간이 지난 후 돌아온 주인이 종들을 불렀을 때 5달란트와 2달란트 받은 종은 열심히 장사하여 두 배로 불렸다고 답했다. 그런데 1달란트 받은 종은 땅에 묻어 놓았던 것을 그대로 갖고 와 돌려주었다.

두 배의 이득을 남긴 종들은 칭찬을 받고 앞으로 더 많은 것을 맡길 것이라는 약속을 받는다. 하지만 1달란트를 받은 종은 "은행에 맡겼다가 이자라도 받게 해야 할 것 아니냐"는 호통을 듣고 그 1달란트마저 빼앗긴다. 주인은 그 종에게 "악하고 게으른 너는 어두운 곳에서 이를 갈며 슬피 울라"며 쫓아낸다. 주인은 그 1달란트를 빼앗아 10달란트를 가진 자에게 준다.

달란트 이야기에서 생각해볼 포인트가 많다. 우선 주인은 세 명의 종에게 왜 똑같이 나눠주지 않았을까. 또 주인은 자본가로서 종들의 태도를 이미 파악하고 있었으리라는 것이다. 아무 노력도 하지 않고 돈을 쌓아두기만 할 걸 알았기 때문에 게으른 종에게 1달란트를 주지 않았을까.

'평등'을 부르짖지만 사람 사이에는 어쩔 수 없는 격차가 있다. 사람마다 이니셜 포인트 initial point 가 다르기 때문이다. 눈 떠보니 부잣집 아들인 사람도 있고, 찢어지게 가난한 집에서 태어난 사람도 있다. 인정하고 싶지 않아도 태어날 때 이미 결정된 사안이 많은 게 인생이다. 성별, 키, 외모, 지능 모든 게 다르다. 어느 나라에 태어났느냐, 어떤 부모의 자녀인가, 이미 결정된 가운데 출발한다는 걸 우리는 인정해야 한다.

사람들 사이에 차이가 존재할 수밖에 없지만 법 앞에서는 평등해야 하고, 경쟁방식은 공정해야 한다. 그런 면에서 볼 때 10달란트로 불린 사람에게 그 1달란트마저 주는 건 너무하다고 생각할지도 모르겠다. 야박하다고 생각할 수 있겠지만 주인이 관리 잘하는 사람에게 자본을 옮긴 것이지 강탈해서 준 게 절대 아니라는 걸 기억해야 한다.

국민연금관리공단은 여러 자산운용사에 기금운용을 분산하여 맡긴다. 결산할 때마다 투자를 잘해 수익을 많이 낸 운용사에 기금을 더 맡기고, 실적이 낮거나 손해를 본 운용사는 탈락시킨다. 탈락시킨 자리에 새로운 운용사를 영입한 뒤 연말에 실적이 나오면 다시 잘한 운용사에 기금을 더 맡기고 꼴찌 운용사와는 거래를 중지한다. 1부 리그 꼴찌팀을 2부 리그로 강등시키고 2부 리그 1등 팀을 1부 리그로 편입시키는 외국 프로축구 운영 방식과 같은 이치이다.

자본주의 사회에서는 나에게 맡겨진 일이나 내가 가진 돈을 얼마나 잘 활용하느냐에 따라 평가받는다. 아무것도 하지 않고 금고에 보관만 하는 건 게으른 행동이고 자본주의 사회에 적응하지 못하는 일이다.

직접 투자는 신중해야 한다

자본주의 시대를 사는 우리는 스스로 자본가라는 각오 아래 나의 돈을 제대로 투자하여 수익을 내야 한다. 주식과 채권에 투자하는 사람도 있고 가상자산에 투자하는 사람도 있다. 위험부담을 피해 은행에 예금하는 사람이 여전히 많은 비율을 차지한다.

돈을 은행에 맡기거나 채권과 주식을 사면 누군가가 그

돈을 빌려서 자본으로 활용한다. 내가 직접 뛰지 않지만 다른 사람으로 하여금 내 돈을 자본으로 활용할 수 있게 하는 일이야말로 자본주의 방식이다.

주식투자를 해서 손해를 보는 것도 과연 자본으로 활용한 걸까? 성경의 달란트 비유에 손해 본 사람은 등장하지 않는데, 현실적으로는 원금을 날리거나 현저히 줄어드는 경우도 생긴다. 주식은 잘못 투자하면 손해를 볼 수 있다는 것을 명심해야 한다. 가상자산은 위험도가 더 높다. 위험부담이 있는 투자 방식을 선택할 때는 수익률을 낼 수 있는지를 면밀하게 따져봐야 한다.

내 돈을 들여 자영업을 할 때도 신중해야 한다. 1억 원을 투자하여 치킨집을 열었는데 장사가 안되어 자본금이 0이 되었다고 하자. 치킨집을 차릴 때 인테리어를 하고 주방 시설을 사고 임대료를 내면서 자본을 여기저기 투입했다고 생각하겠지만, 투자한 돈이 자본의 역할을 해내지 못했다. 그저 자신이 모든 손해를 떠안았을 뿐이다. 주식 투자든 자영업이든 자본이 잠식되지 않도록 각별하게 주의해야 한다. 수익이 날 수 있는 방법을 찾아내지 못하면 언제든 원금을 잃게 된다. 투자의 기본 원칙은 원금을 잃지 않는 것이다.

일반인이 회계에서 가장 헷갈리는 것이 자산총액 항목이다. '자산총액=자기자본+타인자본^{부채}'이라는 등식은 이해하기 쉽지 않다. 왜 부채를 포함해 자산을 계산하느냐 하는 의문이 들기 때문이다. 자산총액에 부채를 합치는 이유는 그 회사에 총 투입된 자본의 양을 따지기 위함이다.

총 투자된 자본으로 얼마나 벌었는지 재무제표 분석을 통해 바로 나타난다. 실적이 좋지 않아 주주들이 자본을 회수하면 시가총액은 폭락하고 만다. 게으른 종이 1달란트를 빼앗기는 것과 같은 이치이다. 자본을 제대로 활용하지 못하면 누군가가 나서서 재조정을 하는 것이 세상 원리이다. 타인의 돈을 자본으로 활용하되 재조정을 당하지 않으려면 지혜롭게 투자해 수익을 내는 것 외에 방법이 없다.

다른 사람이 내 돈을 활용하게 하라

은행 예금은 이자가 너무 적은데 그것도 자본 행위라고 할 수 있을까. 나는 이자를 적게 받았지만 누군가가 그 돈을 빌려 경제행위를 하여 가치를 창출했으니 자본임이 틀

림없다.

가끔 외신에서 세상을 떠난 노숙자의 배낭에서 엄청난 달러가 나왔다는 뉴스가 나오곤 한다. 우리나라에서도 가난한 할머니의 장례를 치른 뒤 집을 정리하다가 장판 아래서 수백 장의 지폐를 발견했다는 소식이 있었다.

요즘 우리나라에서 금고가 많이 팔린다고 한다. 5만 원권이 발행된 이후 금고에 돈을 보관하는 사람이 늘었기 때문이다. 이유는 분명하다. 자신의 돈을 지키기 위함이다. 예금 이자보다 자금 노출로 인한 손실이 크기 때문이다.

개인이 돈을 쌓아두는 일은 우리 경제에 도움이 되지 않는다. 자본주의 사회에서 중상주의 시대처럼 돈을 쌓아놓고 사는 사람이 늘어날수록 생산성이 줄어들고 가치 창출도 되지 않는다. 보관만 하는 돈의 액수가 커지면 그만큼 우리 사회가 부를 창출할 수 없는 것이다. 금고에 돈을 숨기는 사람들은 어딘가 투자를 하여 돈을 번 사람들일 텐데, 그들이 돈을 자본화하지 않는 것은 우리 사회의 큰 손실이 아닐 수 없다. 주로 세금과 비자금 때문에 지하경제가 형성된다. 세금 제도를 비난하면서 합리화하는 목소리도 있지만 탈세라는 사실을 잊지 않아야 한다. 아울러 세금이 너무 가

혹한 수준은 아닌지 세금을 합리적 수준으로 개혁하는 노력도 필요하다.

이자가 많지 않지만 은행에 저축하는 것은 사회적으로 바람직한 일이다. 누군가가 자본으로 활용할 수 있도록 했기 때문이다. 은행 이자가 높아진다는 뉴스가 나오면 여기저기 분산하여 저축하는 행렬이 늘어난다. 5,000만 원까지 원금을 보장받을 수 있으니 여러 금융회사에 분산 예금하여 이자를 받기 위함이다. 은행 예금도 여러 정보를 입수하면 좀 더 높은 이자상품을 발견할 수 있다.

우리나라 사람들이 선호하는 또 하나의 투자처는 부동산이다. 결론부터 말하면 집을 구입하는 것은 현명한 투자방식이며 장기적으로 봤을 때 효과적인 투자활동이다. 자기 돈을 지키는 가장 좋은 투자처이기 때문이다. 옷은 5년 정도 입고, 자동차는 20년 정도 탄다면 집은 30~70년 정도 사용한다. 자동차는 소비재일 뿐만 아니라 자본재적 역할도 있다. 자동차를 활용해서 사업을 할 수도 있기 때문이다. 집은 임대를 통해 가치를 창출할 수 있다. 더구나 부동산은 경제성장에 따른 땅값 상승을 기대할 수 있어 장기투자에 유리하다.

자본주의가 뿌리내린 지 300년이 되었다. 돈을 쌓아놓기보다 활용하여 생산과 가치로 연결되게 해야 한다. 10억 원의 돈과 금을 금고에 쌓아놓은 사람은 자본주의 사회에서는 부자가 아니다. 10억 원을 활용하여 가치를 만들어내야 한다. 그래서 돈이 잘 돌게 만드는 제도가 좋은 제도이다. 돈이 잘 돈다는 말은 거래하기에 자유로운 환경이 되어 거래가 활발하다는 것을 뜻한다.

자본주의 사회에서 우리는 돈을 자본으로 활용할 수 있도록 노력해야 한다. 돈을 의미 있게 활용하는 개념 있는 부자가 많은 세상이 되어야 한다.

자본을 활용해야 성장한다

사람은 서로 협력하면서 살아가야지, 혼자 살아갈 수 없다. 누군가로부터 도움을 받아야만 험한 세상을 헤쳐나갈 수 있다. 여러 도움 가운데 '자본'을 선택하면 편리하고 효율적인 삶이 펼쳐진다. 'IT 기술 자본'의 도움으로 방에서 전 세계와 소통이 가능해졌다. AI^{인공지능}는 정보를 순식간에 정리하는 유능한 비서라고 할 만하다. AI에게 명령하면 필요한 정보를 수집해서 정리해준다. 아직 완벽하지 않다지만 질문을 계속 던지면 점점 더 나은 답변을 해준다.

기술이 필요한 사업가가 공과대학에 용역을 주어 개발하는 일, 화물을 해외로 보내야 할 때 항공사에 위탁하는 일,

이 모든 것이 자본의 도움에 해당된다. 항공 같은 기계 자본과 AI라는 지식 자본까지, 언제 어디서나 도움을 받을 수 있는 세상이다.

자본을 어떻게 활용하느냐에 따라 생산성이 달라진다. 창업을 할 때, 사업을 경영할 때, 일상생활을 할 때 자본의 도움을 받는 건 매우 현명한 일이다. 다만 비용이 든다는 게 흠이다. 자본은 대가 없이 도움을 주지 않기 때문이다. 그래서 사업성을 잘 따져서 활용해야 한다.

경험도 엄연한 자본이다. 여러 경험을 쌓는 가운데 능숙한 분야를 찾아내야 한다. 자본을 활용해 성과를 거둔 경험이야말로 나 자신의 진정한 능력이다.

모든 걸 혼자 다 할 필요도 없고, 할 수도 없다. 자본을 활용하면 더 큰 성과를 거두고, 그로 인해 능력 있는 사람으로 평가받을 수 있다. 삽과 포크레인 중, 포크레인의 생산성이 높다. 우선 포크레인 구입이라는 투자가 있어야 하고, 포크레인을 다룰 기술과 경험을 쌓아야 한다.

투자를 받는다고 해서 무조건 기술과 경험이 따라오는 건 아니다. 월급 받고 일하며 기술과 경험을 쌓은 뒤 투자를 받을 수도 있고 적당한 시기에 내 돈으로 구입할 수도 있다. 기술과 경험, 포크레인이 마련된다면 생산성이 훨씬 높아질 게 분명하다.

자본이 나를 위해 일하게 하라

생산성이 높은 대기업은 직원에게 월급을 많이 지급할 수 있다. 대기업이 보유한 자본이 훨씬 크기 때문에 가능한 일이다. 자본이 쌓여 있고 자본을 다룰 기술과 경험이 풍부하면 생산성이 높아지고, 그만큼 임금이 올라가기 마련이다.

중소기업이나 소기업, 개인사업자가 자본을 추가로 도입해도 생산성이 무조건 높아지는 것은 아니다. 그래서 투자하기 전에, 그 자본을 활용했을 때 나오는 생산성과 수익을 경영의 관점에서 먼저 따져봐야 한다. 수익률이 높아진다는 결론이 나왔을 때 비로소 투자하는 게 바람직하다.

자본을 활용하면 일반적으로 수익성이 높아진다. 하지만 수익을 못 내면, 투자받은 자본은 곧바로 빠져나간다. 시장에서 수익성이 증명돼야 계속 자본을 활용할 수 있다.

대기업이라고 해서 무조건 수익을 내는 것은 아니다. 쌓여 있는 기술과 경험으로 성과가 나기 때문에 자본을 추가로 투입할 경우 그에 상응하는 생산성 증가를 기대할 수 있어야 한다.

대기업이든 중소기업이든 개인이든 자본이 일하게 해야 한다. 자본이 있으면 경영활동이나 사회활동을 할 때 훨씬 유리하고 자본을 활용했을 때 얻을 수 있는 편익이 훨씬 커진다는 의미다.

자본이 있다고 만사가 좋기만 할까? 회사에 자가용 비행기가 있으면 편한 건 분명한 일이다. 하지만 자가용 비행기를 운행하려면 엄청난 비용이 든다. 그 비용을 쓰기에 충분한 수익을 내지 못해 적자가 난다면 자가용 비행기가 아닌 항공사 서비스를 이용해야 한다.

상주 운전기사가 있으면 편한 건 당연한 일이다. 하지만 필요할 때 파견업체에 수행기사를 의뢰하거나 택시를 이용하면 비용이 덜 든다. 가장 알맞은 방법으로 자본을 활용하는 지혜가 필요하다. 자가용 비행기나 운전 직원을 둘 것인가, 파견 기사를 이용할 것인가, 자본을 활용할 때 합리적인 선택을 해야 한다.

시간을 내 편으로 만들어라

 자본은 하루아침에 쌓이지 않는다. 단숨에 삼성전자라는 큰 회사가 만들어질 수는 없는 일이다. 자본이 차곡차곡 쌓이도록 하기 위해서는 자본을 잘 활용해야 한다. 그것이 바로 시간을 내 편으로 만드는 일이다.

 과거 우리나라 대기업들은 기업 내에서 인력을 키웠다. 계열사를 만들 때 인력을 투입하기 위해서였다. 관련 학과를 졸업해도 기업이 원하는 수준에 모자랐고 회사 내에서 교육시킨 인적자원이 훨씬 우수했기 때문이다.

 삼성그룹에서 삼성전자를 만들려고 하자 "왜 다른 업종까지 손대려 하나"라는 반발의 목소리가 여기저기서 나왔다. 삼성그룹에서 계열사를 만들면 대개 그 업종에서 1위로 뛰어오르니 기존 업체들이 견제하려는 움직임을 보인 것이다.

 왜 삼성그룹에 속한 회사들은 경쟁력이 뛰어날까. 삼성이라는 거대한 지식복합체에서 일을 해본 인재는 어느 업종에 가서도 실력을 발휘하기 때문이다. 축적된 지식을 전수받은 인재는 어떻게 더 나은 성과를 낼지에 대한 노하우를 익힌 것이라 두각을 나타내기 마련이다.

삼성이 다른 업종의 기업을 간들려고 할 때 반대하는 건 잘못된 일이다. 경영지식과 노하우가 축적된 회사에 밀릴까 봐 가로막는 건 옳지 못하다. 대기업에 대한 반감, 자본에 대한 반감 때문에 축적된 경영노하우를 전수하지 못하게 하는 건 우리 사회의 발전을 막는 일이다.

고도성장기에는 삼성, 현대, 대우, LG의 수준이 비슷했으나 어느 순간 격차가 벌어졌다. 삼성의 조직과 문화가 시대적 흐름에 잘 맞았기 때문일 것이다. 현재 1등을 달리는 삼성이 그것을 증명한다. 우리 사회에서 삼성은 자유롭게 교환하는 방식이 고도로 발전된 협력체로 조직문화를 선도하고 있는 셈이다.

일하는 방식과 경영노하우가 축적되면 될수록 더 유리해진다. 삼성은 인재 제일주의와 최고를 지향하는 기업문화를 갖고 있다. 이 부분의 장점이 삼성을 세계적 기업으로 만들었다. 시간을 내 편으로 만들려면 내가 가진 원칙과 경험이 미래의 자본 형성에 우호적인 방식이 될 수 있도록 해야 할 것이다.

더 나은 자본을 찾아 나서라

 회사든 개인이든 시대와 시장의 흐름을 살펴보면서 미래를 대비해야 한다. 요즘 유튜브 크리에이터가 최고 인기 직종으로 떠올랐다. 1970년대 최고 자본은 자동차였고 1등 직업은 버스 기사였다. 1990년대 초까지만 해도 손으로 원고를 타이핑하는 오퍼레이터가 인기였지만 누구나 컴퓨터를 다루게 되면서 그 직종은 사라지고 말았다. 변화의 흐름 속에서 어떤 자본이 시대를 주도하는지 면밀하게 살펴야 한다. 시대에 맞게 자본을 채택하고 자본에 맞게 내 방식을 바꿔야 한다. 나의 직종이 사라질 위기라면 재교육을 받아 새로운 경험을 쌓아야 한다. 핸드폰과 유튜브로 인해 많은 것이 달라지고 있다. 새로운 자본이 더 큰 역할을 하고 큰 시장으로 가는 길을 열어줄 때 그 시장에 적응해 나가야 한다.

 과거의 성공 경험에 파묻혀 있으면 현실과 점점 멀어지고 만다. 시간이 내 편이 되도록 재교육을 통해 경험 자본을 늘리고 새로운 흐름의 트렌드에 맞춰야 한다.

 어떤 일이나 분야이든 5~10년을 일해야 숙련도가 높아지고 익숙해진다. 선점하면 단기간에도 목표를 이룰 수 있다. 트렌드에 맞는다면 시행착오를 감수하고라도 과감하게 도전할 필요가 있다.

투자자원의 포트폴리오를 바꾸듯 내가 가진 재능도 바꿔야 한다. 내 몸은 경험 자본의 집합체이다. 경험 자본이 시대 흐름에 맞아야 시간이 내 편이 된다.

경험은 좋은 것이지만 장점이 될 수도 단점이 될 수도 있다. 성공의 경험 때문에 새로운 것을 못 받아들이면 단점이지만 경험을 바탕으로 새로운 것을 받아들이면 도약할 수 있다. 더 나은 자본을 찾아 나를 적응시켜 나가는 일은 늘 지속되어야 한다.

새로운 분야를 선점하라

새롭게 떠오르는 분야를 선점한다고 해서 단숨에 뭔가가 이뤄지는 건 아니다. 대기업 반열에 오른 네이버와 카카오도 상당 기간 자본을 축적해 꽃을 피웠다. 충분한 사업성과와 숙련의 시간이 있었기에 성공궤도로 진입한 것이다.

새로운 흐름도 눈여겨봐야 한다. 가상자산에 대해 좋지

않은 시각이 있지만 무조건 외면하면 안 된다. 가상자산에 대한 이론과 발전하는 과정을 파악하는 게 필요하다. 그게 어떻게 사업으로 연결될지 가능성을 고려하면서 접근하는 게 좋다.

10년 전에 시작된 가상자산으로 자본이 계속 들어가고 있으며 기술과 지식이 축적되고 있다. 새로운 사업기반으로 완전히 자리 잡을 가능성도 있다. 가상자산에 대한 새로운 플랫폼이 만들어졌을 때 어마어마하게 큰 비즈니스가 만들어질 수도 있는 일이다.

미국은 거대한 자본의 플랫폼에서 계속 새로운 것을 창출해내고 있다. 뉴욕, 보스턴, 시카고, 샌프란시스코, LA로 경제생태계가 나뉘어 있는 미국은 세계시장을 주도하고 있다. 아시아에는 일본 도쿄, 한국 서울, 중국 북경과 상해 같은 거대한 중심축이 자리하고 있다.

지식공동체와 중심축에서 새로운 자본이 축적되고, 비즈니스의 가치 협력체가 만들어진다. 새로운 흐름을 외면하지 않고 활용할 때 성장이 이뤄진다. 새로운 흐름을 포착하고 적응해야 한다. 자본의 흐름을 살피면서 자본을 쌓는 가운데 자본이 나를 위해 일하도록 만들자.

자본이 많아야 인재가 나온다

산업이 급속도로 변하면서 다양한 분야에서 많은 인재를 필요로 하는 세상이 되었다. 인재를 양성하려면 충분한 교육을 해야 하고, 교육을 잘하기 위해서는 자본이 뒷받침되어야 한다. 하지만 우리 사회에는 아직도 교육은 신성하니 자본과 무관해야 한다는 인식이 있다.

교육도 자본이 많아야 잘 할 수 있다. 자본이 많은 곳에서 인재 양성도 잘할 수 있다. 미국 하버드대학교에 수십조 원의 기금이 쌓여 있다. 우리나라 대학도 자본이 있어야 세계의 대학과 어깨를 나란히 할 수 있게 된다. 대학에 자본이 많이 유입되고, 대학은 실력 있는 인재를 양성해야, 그들이 사회에 나가 가치를 창출하는 선순환이 이루어진다. 세계가 치열하게 경쟁하는 지금, 인재 양성은 너무도 중요한 일이다.

대학은 사회의 한 부분이고 학문은 현실과 밀접한 관련이 있어야 한다. 학문은 순수하고 고결하니 현실과 무관해야 한다는 건 시대에 한참 뒤떨어진 생각이다. 하지만 우리 사회에 여전히 이런 생각이 자리하고 있다는 게 아쉽다. 자본이 풍부해야 교육도 잘된다는 인식이 반드시 필요하다.

기여입학제도를 허용하라

우리나라에서 민간 자본이 많이 쌓여 있는 대학으로 성균관대, 연세대, 고려대 등을 들 수 있다. 자본과 수입은 구분해야 한다. 자본은 학교를 설립할 때 설립자가 사재를 털어 땅 사고 건물 짓고 각종 기자재를 마련하면서 형성되었다. 학교를 운영하는 경상비는 등록금과 정부 보조금으로 해결한다. 최근 명지대가 자본은 있지만 경상비 적자를 메꾸지 못해 파산위기에 몰린바 있다.

설립자가 사립대에 계속 자본을 투입하는 건 쉬운 일이 아니다. 자본이 더 축적될 수 있는 장치, 자본을 출연하기

쉬운 구조를 마련해야 한다. 가장 손쉬운 방법은 기여입학제도를 활성화하는 일이다.

하버드대, 프린스턴대 등 미국의 명문 사립대학들은 대학 발전에 공로가 있거나 기부금을 많이 낸 사람의 자녀들에게 입학의 문을 열어놓고 있다. 기여입학 대상자는 1,600점 기준의 SAT 점수에서 160점 정도 이점을 안게 된다고 한다.

평등논리가 강한 우리나라에서는 아직도 기여입학제도에 대한 논의조차 이뤄지지 못하는 실정이다. 모든 사람이 등록금을 똑같이 내야 할 이유가 있을까. 예를 들어, 8,000만 원을 낸 사람과 한 푼도 안 낸 사람이 함께 학교에 다니면 안 되는 걸까. 경제력 차이가 나는데 모두 똑같은 등록금을 내려니 힘에 부치는 사람이 생기고, 그래서 매년 등록금 인상을 둘러싼 갈등이 벌어진다.

학생이 학교를 선택할 권리가 있듯이, 학교는 학생을 선택할 권리가 있는 것이다. 학교는 8,000만 원을 내고 다닐 학생과 공짜로 다닐 학생을 고를 권리를 가져야 한다.

기여입학제보다 더 확실한 방법은 기업에서 대학에 기금을 출연하는 일이다. 기업에서 대학에 재산을 출연하면 그에 상응하는 인센티브를 주는 방안이 마련되어야 한다. 우리나라는 기부금에 대한 세제 혜택이 박한 편이다. 세제 혜택을 많이 주고 인센티브를 확실히 부여해 기부가 늘어나도록 해야 한다.

기업이 학교에 자본을 투입하면서 마음껏 요구할 수 있어야 한다. 학교가 그 요구에 충실히 부응하면 훨씬 많은 자본이 학교로 유입될 것이다. 삼성전자가 성균관대학교 이사장을 맡으면서 삼성이 필요한 소프트웨어 인력을 많이 길러내게 되었다. 성균관대학교는 졸업생들이 취업이 잘 되면서 단숨에 일류 대학으로 부상했다.

대학은 기부금을 잘 활용해 좋은 인재를 배출해야 한다. 교육에 투자하고자 하는 자본을 현실에 적합한 방식으로, 효율적으로 사용하는 것이 필요하다. 자본을 충분히 이용해 현실에서 가치를 창출할 수 있는 인재를 양성하는 선순환이 필요하다.

지식 생태계를 형성하라

대학에 자본이 유입되고, 대학은 이를 받아들인 만큼 효율성과 생산성, 가치를 창출해낼 수 있다. 이를 위해 자본을 출연하려는 쪽의 의견을 충분히 반영해야 한다.

성균관대학교가 삼성의 요구에 부응하면 할수록 삼성의 자본은 성균관대학교에 더 많이 투입될 것이다. 실제로 삼성이 역할을 늘리면서 성균관대는 훨씬 더 자본에 충실한 대학교가 되었다.

성균관대학교의 일부 구성원들이 삼성 자본을 받아들이지 않으려고 반대를 했다. '교육은 특별하고 신성한데 자본의 논리에 빠져들면 안 된다'는 옛날식 주장 때문이었다. '자본은 나쁘고 학교는 고결하다'는 생각으로 반대하는 소리보다 학교의 발전을 위해 삼성을 받아들여야 한다는 목소리가 더 컸고, 그 결과 오늘날 성균관대학교는 톱클래스 사립대학교에 안착했다. 이처럼 좋은 효과를 낸 것은 졸업한 학생들을 받아들일 만한 양질의 일자리 수요를 기업이 갖고 있기 때문이기도 했다.

반면 다른 대학교에서는 기업의 논리를 받아들이지 않아 아무런 변화도 끌어내지 못한 사례도 있었다. 기업도 대학의 변화를 견인할 만한 추진력을 보이지 못했다. 기업과 대학이 서로 상생할 수 있어야 한다.

대학의 위치도 중요하다. 산학연이라는 관점에서 보면 대학은 도시에 있는 게 유리하다. 대학에서 배출한 인재가 일할 수 있는 기업과 연구소가 협력구조를 이루고 있어야 능률이 오르기 때문이다. 도시에 대학과 벤처비즈니스센터가 밀집되어 있으면 학생은 언제든 직업을 가질 수 있고, 기업은 필요한 인재를 공급받을 수 있다.

수도권에 대학이 밀집되어 있는 건 수도권에 지적산업의 비즈니스 생태계가 있기 때문이다. 수요자와 공급자와 지식 생태계가 함께 움직이고, 산학연이 원활하게 돌아가려면 위치도 중요한 역할을 한다.

미국 보스턴에 벤처 비즈니스 타운이 형성되어 있다. 그 지역 많은 대학의 비즈니스 파트너로 지식 생태계를 형성하기 위해서이다. 학교는 인재를 배출하고 벤처 비즈니스 타운은 인재를 활용하는 비즈니스 생태계가 더 탄탄하게 구축되어야 한다. 산학연이 기업과 협력하여 풍부한 자본으로 인재를 배출해 지식 생태계를 이루는 것은 사회의 역동성을 유지하는 힘이다.

가치 발휘할 인재를 배출하라

대학도 하나의 자본이다. 대학이 자본으로써의 기능을 하려면 새로운 가치를 창출할 수 있어야 한다. 막대한 돈이 투입되고 쌓여 있는 만큼 가치를 창출하고 수익 활동에 도움 주는 역할을 해야 한다.

스톡stock과 플로우flow의 개념으로 살펴본다면, 예를 들어 서울대에 100조 원의 스톡이 마련되어 있고 1년에 2000억 원을 운영비로 쓴다고 하자. 100조 원은 단지 돈뿐만 아니라 유·무형의 자산을 모두 합한 것이다. 대지, 건물, 사람, 지식 등 서울대가 가진 자본의 양이 모두 100조 원이 되는 것이다.

만약 서울대 졸업생 대부분이 공무원이 되려고 준비한다면 과연 100조 원의 자산과 2,000억 원의 운영비를 쓸 필요가 있을까? 공무원 몇 명 교육시키자고 그 많은 자본과 운영비를 투입할 수는 없는 일이다.

서울대에는 정부 재정을 비롯해 유·무형의 자본이 어마어마하게 쌓여 있다. 그 자본에다 등록금과 세금을 통해 마련한 운영비로 우리 사회 각 분야에서 가치를 발휘할 수 있는 인재를 길러내야 한다. 그래야만 우리 사회의 자본 효율성이 떨어지지 않는다.

우리나라 대학이 세계대학들과의 경쟁에서 중상위권을 차지하고 있다. 여러 제약 때문에 대학에 자본이 투입되지 못했지만, 특유의 '빨리빨리' 문화와 실사구시 정신으로 그 정도 위치를 확보한 것이다. 기여입학제도 허용되고 기업이 대학에 기부금을 많이 낼 수 있는 상황이 되면 달라질 것이다. 대학들이 탄탄한 자본 속에서 교육을 최상의 교육 수준으로 높인다면 싱가포르나 네덜란드를 능가하는 날이 올 것이다.

여러 제약이 많은데도 우리나라 대학이 중위권에 오르고, 국민소득은 4만달러를 향하고 있다. 규제가 풀어지고 모든 게 원활하게 돌아간다면 우리나라가 1인당 국민소득 8만 달러 고지에 충분히 오를 수 있을 것이다.

자본이 탄탄하면 교육도 잘 되기 마련이다. 자본이 풍부한 환경 속에서 좋은 인재가 배출되어 사회에 기여할 수 있도록 제도가 잘 개선되어야 한다. 교육을 자본이라는 관점에서 바라보며 더 발전할 수 있도록 개혁해야 한다.

하천도 자본이다

'자연을 보호하자, 환경을 살리자'

자주 듣는 구호대로 자연을 보호하고 환경을 살리는 건 매우 중요한 일이다. 하지만 어떻게 보호하고 어떻게 살릴지 진지하게 생각해봐야 한다. 일부 환경단체는 자연을 현재의 상태로 보존하자고 주장한다. 이는 원시적인 방법으로 자연을 방치하는 일이다.

민둥산이 많은 북한을 그대로 내버려 두는 것이 과연 자연을 보호하는 일일까. 중국에 사막화하는 땅이 늘어나면서 우리나라가 매년 황사 피해를 보고 있다. 그 땅을 자연 그대로 방치하기보다 나무를 심어 사막화를 막아야 사람이 살기 좋게 된다. 실제로 중국 내륙지방의 사막화를 막아 조금이라도 피해를 덜 보기 위해 우리나라에서 나무 심는 걸 돕는 중이다.

미국에서 산불이 나자 일부러 끄지 않고 그대로 둔 일이 있었다. 자연발생적으로 난 산불이니 자연적으로 꺼질 때까지 기다린 것이다. 그로 인해 엄청난 규모의 옐로우스톤 파크가 다 타버렸다. 자연을 자연에 맡기는 건 미친 짓이라는 것을 깨닫고 이후부터 산불이 나면 미국 소방당국이 적극적으로 진화에 나서고 있다.

자연을 더 자연답게 만들고, 환경을 제대로 살리려면 자본을 투입해서 철저하게 관리해야 한다. '자연=자원'이라는 분명한 의식 아래 체계적이고 과학적으로 개발해야 더 깨끗하고 안전하게 자연을 보존할 수 있다.

지천 관리가 필요하다

2023년 여름, 폭우로 강이 범람해 피해를 당했다. 시간이 갈수록 퇴적물이 쌓이는 하천은 그대로 두기보다 준설을 해야 한다. 하천에 자본을 투입해 제때 준설을 하고, 필요한 곳에 보를 설치하고, 둑을 튼튼히 해야 홍수 피해를 막을 수 있다. 하천은 물이 흘러가는 길이다. 물이 잘 흘러 하천 역할을 할 수 있게 만들어 주는 것이 자연을 보호하고 관리하는 일이다.

하천관리를 위한 4대강 사업은 훌륭한 결정이었다. 4대강 사업을 한 지역은 홍수 피해가 나지 않았다는 것만 봐도 알 수 있는 일이다. 다음 단계로 지천 관리를 해야 했는데 이명박 정부가 끝나면서 그 사업이 이어지지 않았다. 지도자의 결단이 필요한 데다 정치적인 반대공세가 이어지면서 하천관리 사업이 중단된 것이다. 지천이 방치되면서 일시적 호우로 인한 문제가 발생하고 있다. 지금이라도 재원을 마련해 체계적인 지천 관리를 해야 한다.

도로가 발달하기 전에는 하천이 물류의 핵심이었다. 예로부터 4대강을 중심으로 물류시스템이 발달했다. 하천을 냄새 안 나는 하수구 정도로 생각하고 환경오염 고발 대상으로만 삼는 요즘과 달리 4대강은 배가 다니는 물길이었다. 미국도 도로가 발달하기 전 미시시피강이 물류 역할을 했다.

지금이라도 하천을 물류라는 관점으로 바라봐야 한다.

관광선이 들어올 수도 있고 수상택시가 다닐 수도 있다. 하천을 자원으로 보고 관리하면서 개발해야지, 방치하면서 보존의 대상으로만 삼는 건 자연 자원을 낭비하는 일이다.

지하도로 건설해야

물류나 교통망의 핵심인 바다와 하늘도 하천과 마찬가지로 자원이다. 바다로 나아갈 항만을 건설하고 비행기가 이착륙할 수 있는 공항이 있어야 세계와 연결이 가능하다. 항만과 공항이 없다면 갇힌 사회가 되고 만다. 바다와 하늘을 자연으로 생각해 개발하지 않았다면 고립사회가 되었을 것이다. 전쟁이 나면 가장 먼저 항만과 공항 시설을 파괴하는 것을 보면 바닷길과 하늘길의 중요성이 드러난다.

내륙 국가인 몽골은 주변국의 도움 없이는 외부로 나가지도 못하고 물건을 들여올 수도 없다. 항만은 당연히 없고, 비행기도 남의 나라 영공을 통과해야만 운행이 가능하다. 그래서 몽골은 인접국 중국 의존도가 높아 개방성을 갖춘 자유 진영과의 외교가 절실한 상황이다.

도로, 항만, 공항은 모두 사회간접자본이다. 유용하게 쓸 수 있는 방식을 만들어내고 그걸 통해서 편리한 삶이 이루어질 수 있도록 해야 한다.

도시는 고속버스, KTX, 비행기, 이 세 가지 교통수단을 구비해 누구나 선택할 수 있어야 한다. 수요만 있다면 큰 도시마다 공항을 조성하는 게 정상이다. 현재 수익이 나는 서울, 부산, 제주는 공항시설을 더 충분하게 마련해야 한다. 서울에서 부산까지 비행기로 1시간, KTX로 2시간 30분, 고속버스로 4시간가량 걸리는데, 선택할 수 있는 물류망을 다양하게 갖추는 것이 도시가 갖추어야 할 기본적인 사회자본이다.

도시를 둘러싼 순환 고속도로를 제대로 만들고 지하철망과 도로망을 더 갖추어야 한다. 우리나라에 도로망이 잘 갖춰졌다고 하지만 2,000만 명이 사는 수도권은 도로가 부족한 편이다. 자본이 많은 사회일수록 쾌적한 환경을 위해 지하를 활용하니 앞으로 지하도로가 필요할 것으로 보인다. 나라가 가난할 때는 지상에 도로와 철도를 건설하지만 자본이 충분한 나라는 지하에 도로와 철도를 만든다.

서울 도심에 만성 정체구간이 많은데, 지하도로를 건설

하면 교통난을 해소할 수 있다. 서부간선도로와 신월지하차도, 지하철 6~9호선은 모두 지하에 건설했다. 여의도와 신월동을 잇는 신월지하차도를 이용하면 여의도에서 신월동까지 바로 접근이 가능하다. 지하도로는 땅값 보상 비용이 없어 지상 도로 건설보다 우월한 측면이 있다. 서울 강북의 도심지에 정체가 심한데, 광화문에 지하도로를 만들어 경부고속도로로 연결하면 10분 안에 강북에서 강남으로 진입할 수 있게 된다.

공원화 사업도 자본과 함께

도심에 자본을 투입해 공원을 조성할 수 있지만, 도로를 없애고 그 자리를 공원으로 만드는 것은 바람직하지 않다. 서울역 고가차도를 공원으로 만들고 서대문 고가차도를 없애면서 그 구역이 만성 정체구간이 되었다. 광화문에 한쪽 도로를 없애고 공원을 만든 것도 잘못된 판단이다.

무슨 일을 할 때는 그 다음을 대비해 일이 원활하게 이뤄지도록 해야 한다. 서울역과 서대문의 고가도로를 사용하지 않거나 부술 때는 이후 어떤 일이 벌어질지 충분히 검토했어야 한다. 대안이 없는 상태에서 도로를 줄이면 모두가 불편을 겪게 된다. 도로를 줄이려면 지하도로를 먼저 만들고 추진하는 게 마땅하다.

우리나라 최초의 고가도로인 청계고가로는 인근에 3·1빌딩이 있어 3·1고가도로로 부르기도 했다. 청계고가로를 철거하고 청계천을 복원한 것은 환경적으로 가치 있는 일이다. 도심의 하천을 되살리고 공원화한 것이다. 청계천을 조성할 때만 해도 청계고가로를 없애도 교통량을 충분히 감당할 수 있는 수준이었다. 엄밀히 다지면 청계고가로 철거보다는 청계천 공원화에 더 무게가 있었다. 청계천 복원은 서울이 국제도시의 품격에 맞게 변화하기 시작한 시기에 이뤄졌고 청계천은 서울의 명물이 되었다.

환경단체가 청계천 복원을 환영할 것 같았는데 그렇지 않았다. 청계천 공원화 사업을 반대하더니 완공된 이후에도 '가짜 물' 운운하며 정치적 운동을 이어갔다.

뉴욕 맨해튼에 센트럴 파크가 있지만 드넓은 서울 강남에서는 공원을 찾아볼 수 없다. 예전에는 도심에 공원이 있어야 한다는 개념이 없었기 때문이다. 여의도는 비행장을 헐고 개발하는 과정에서 광장을 만들었다가 그 광장에 공원을 조성했다. 사회가 풍족해지면서 공원화 과정이 이뤄진 것이다. 공원화 사업도 자본이 있기에 가능한 일이다.

환경 친화적 발전 추구하라

무슨 일을 구상할 때는 자연보호를 비롯한 모든 면에 대한 면밀한 검토가 필요하다. 완공된 이후 편하게 사용할 수 있어야 하기 때문이다. 물류 시설을 마련하지 못한다든지, 후속 조치를 제대로 못 해 무용지물이 되는 일이 발생하면 안 된다. 전기가 부족해 강원도에 화력발전소를 완공했으나 송전 시설이 없어서 전기를 전달하지 못하고 있다. 문재인 정권 때 발전소 허가를 내줬지만, 민원을 우려해 송전 시설을 세우지 않았기 때문이다. 송전 시설은 물류의 기본이고 사회간접자본인데 그 길을 막으니 전기를 전달할 방법이 사라진 것이다.

반면 태양광은 정부가 송전 시설을 허가해 주었다. 태양광과 풍력발전이 친환경적이라고 하는데 먼저 우리 땅에 맞는지부터 검토해봐야 한다. 과거 우리 땅에서의 친환경 산업시설이라면 물레방아를 들 수 있다. 우리나라 국토는 산이 대부분인 데다 경사가 가팔라 위치 에너지가 생긴다. 물이 위에서 아래로 떨어지는 힘으로 물레방아를 충분히 돌릴 수 있다. 그래서 물레방아가 방아를 찧는 등 동네 산업시설이 된 것이다.

네덜란드는 지리적으로 바람이 심하게 불어 풍차가 발달했다. 그에 비하면 우리나라는 바람이 강하다는 제주에서조차 풍력발전이 원활하지 못하다. 자연에너지를 활용하려면 자연 환경에 적합해야 한다. 억지로 풍력발전소를 만든다고 자연 친화가 되는 게 아니다. 그럼에도 풍력발전을 늘려가는 건 오히려 자원을 파괴하는 일이다.

태양광은 일조량이 충분해야 하는데 우리나라는 태양을 에너지원으로 사용하기에는 일조량이 적은 편이다. 상대적 효용력이 낮으니 엄청난 면적에 태양광 패널을 설치해도 큰 의미가 없다.

국토의 대부분이 산지로 이루어진 우리나라는 평평한 땅의 가치가 매우 높다. 에너지 생산을 위해 아까운 땅을 희생하는 셈이다. 땅을 더 나은 방식으로 활용하기 위해 도로를 지하에 만들어야 할 정도이다. 땅의 희소성이 높은데 귀한 땅을 에너지 생산에 쓴다는 것은 잘못된 일이다.

산이나 농지, 바다에 태양광 패널을 설치하는 건 대단히 위험하다. 그런데 왜 그렇게 많은 태양광 패널을 설치했을까. 태양광 전기를 비싸게 구입해주는 인기영합적 정책 때문에 발생했다.

산에 나무를 베고 태양광 패널을 설치하는 것이야말로 환경을 파괴하는 일이지만 환경단체에서 별다른 지적을 하지 않는다. 수해가 나서 태양광 패널을 조성한 산 비탈 땅이 쏟아져 내렸지만 입도 벙긋하지 않았다. 4대강 사업이 환경 파괴라며 목청을 높이던 환경단체가 태양광 앞에서 입을 다문 것은 그들의 목적이 환경 보호와 삶의 개선이 아니라 이념 추구라는 걸 증명한 일이다. 더 나은 환경이 아니라 자신들의 정치 이념을 공고히 하기 위해 나서는 단체의 목소리는 더 이상 국민을 설득할 수 없다.

강북강변로를 만들어 한강변의 수려한 경관을 망쳤다는 말도 있었다. 이동 수단을 확보하지 못하면 시간이 훨씬 많이 걸리면서 도시경쟁력이 떨어질 수밖에 없다. 도시 내 고속도로 역할을 하는 올림픽도로와 강북강변로가 없다면 어느 세월에 도시를 오갔을까. 이제는 지하도로를 통해 자연친화적 도시공간을 만들 때이다.

자원이라는 눈으로 바라보라

서울 강남역 인근에 들어선 삼성 사옥은 애초에 복합건물로 만들려고 했다. 하지만 서울시에서 허가해 주지 않아 오피스 빌딩으로 지었다. 삼성뿐만 아니라 여러 오피스가 밀집되면서 강남 일대는 만성 교통체증 구간이 되었다.

엘리베이터는 다른 말로 자본화된 도로라고 할 수 있다. 초고층 건물에 들어선 학교, 호텔, 아파트, 관공서, 병원, 은행, 슈퍼마켓을 엘리베이터로 오르내리면 되니 막힐 이유도 없을 것이다.

건물 안에 복합시설이 있어 엘리베이터로 오르내리면 교통수요가 줄어든다. 자본이 투입되면 사용 가능한 공간이 많이 생기고 그 공간은 또다시 자본이 되는 것이다.

고층빌딩을 지으면 건축 단가가 높아지는 데다 엘리베이터 공간 때문에 단위당 사용면적이 줄어든다. 특히 50층을 넘어서면 건물의 효율성이 떨어진다. 이동통로 때문에 사용공간이 줄어들기 때문이다. 현대에서 서울 삼성동의 한전 부지를 구입할 때 100층짜리 랜드마크 건물을 짓겠다고 서울시에 약속했지만 50층짜리 3개를 짓는 걸로 변경했다고 한다. 150층을 짓는 것보다 50층 3개를 짓는 게 훨씬 효율적이기 때문이다.

롯데가 지하 6층 지상 123층 롯데월드타워를 지었는데 효율 면에서 본다면 손해 보는 결정이었다. 롯데월드타워는 관광에 관심이 컸던 신격호 회장의 숙원사업이었다. 수익률 관점에서 보면 손해이나 신격호 회장이 헤리티지를 실현한 것이다. 우리 사회에 관광을 고려한 기념비적인 건물을 남긴 건 잘한 일이지만, 자본 투자 그 자체로만 봤을 때는 수익률이 떨어지기 때문이다.

하천 개발, 하늘길과 바닷길, 도로 건설, 건물, 이 모든 것에 어떻게 자본이 역할을 할지를 고려해야 한다. 자연 그대로는 최상이 아니다. 자연을 자원으로 바라보며 자본을 투입하여 더 나은 환경을 만들어내 효과를 얻어야 한다. 하천도 자원이라는 관점으로 해석하면, 진정한 자연보호와 환경 살리기의 해법이 보일 것이다.

자연에 자본을 더해야 쾌적하고 편리해진다

'자연'이라고 하면 '친환경, 자연 친화적'이라는 단어와 함께 '편안함, 아름다움'을 떠올린다. '자연스럽다'는 '인위적으로 꾸미지 않아 순수하고 깨끗하게'로 해석한다. '자연'과 '자연스럽다'를 단어 그대로 생각하다 보면 오해가 생긴다.

'자연'의 사전적 의미는 '사람의 힘이 더해지지 아니하고 세상에 스스로 존재하거나 우주에 저절로 이루어지는 모든 존재나 상태'이다. '사람의 의도적인 행위 없이 저절로'라는 뜻도 있다. '자연스럽다'는 '억지로 꾸미지 아니하여 이상함이 없다. 순리에 맞고 당연하다. 힘들이거나 애쓰지 아니하고 저절로 된 듯하다'로 풀이한다. 하지만 자연은 그렇게 사전적 의미의 자연스러운 존재는 아니다.

'사람의 힘이 더해지지 않은 그대로의 상태'는 사실상 위험하고 불편하다. 비가 쏟아졌다가 폭풍우가 불었다가 땡볕이 내리쬐다가, 한마디로 예측 불가능한 것이 자연이다.

2023년 여름, 전 세계적으로 비가 많이 와서 물에 잠긴 도시가 한두 곳이 아니었다. 유럽 여러 나라의 기온이 40도, 중국은 무려 50도를 넘어서는 가공할 만한 현상이 발생했다. 우리나라도 40도에 육박하면서 온열질환 사망자가 다수 발생했다.

인간이 이산화탄소를 많이 배출해서 기후 재앙을 불러왔다는 주장도 있지만 자연은 원래 그런 것이다. 양동이로 물을 들이붓듯 비가 쏟아지는가 하면, 초목이 바짝 마를 정도로 비가 한 방울도 내리지 않는 게 바로 자연이다. 자연을 그대로 놔두면 폭우로 길이 사라지고, 가뭄으로 사막이 생길 수도 있다. 인간은 자연을 잘 관리해야하며, 이를 게을리하면 큰 재앙이 올 수 있음을 기억해야 한다.

공원화하여 자연을 편하게 즐기자

제멋대로인 자연과 어떻게 해야 잘 지낼 수 있을까. 비결은 자본에 있다. 자연에 자본을 더해야 인간이 편리함을 누리고 안전해진다. 자연에 자본을 더한 것이 바로 공원이다. 공원은 자연을 편안하고 쾌적하고 편리한 환경으로 정리해 놓은 곳이다.

사람들은 여의도공원에 가서 언덕을 오르고 연못을 바라보고, 숲 사이를 걸으며 자연을 즐긴다고 생각한다. 자연과 공원은 엄연히 다르다. 그러니까 여의도공원은 말 그대로 자연이 아니라 공원이다.

마음에 드는 나무를 마당에 심거나, 예쁜 꽃을 꽂은 화병으로 거실을 장식하고, 앙증맞은 화분을 베란다에 놓는 것이 다 공원화 개념이다. 사나운 짐승이 돌아 다니고 쥐와 벌레가 돌아다니는 게 자연이라면 일정한 온도와 습도로 농사짓는 스마트팜처럼 편리하고 쾌적한 것이 공원이다.

따지고 보면 우리가 삶 속에서 이용하는 땅의 많은 부분이 자연에 자본을 투자하여 새르운 땅으로 조성한 것이다. 척박한 땅을 농지로 전환하는 과정에 피와 땀과 자본이 들어갔다. 개간작업을 할 때 돌덩이를 걸러내고 평평하게 만드느라 많은 사람이 힘을 썼다. 서산 간척지에서 벼농사를 짓기까지 엄청난 노력과 자본이 들어갔다. 바다를 메우고 땅의 소금기가 빠지기까지 오랜 기간을 기다린 끝에 그 땅에서 농산물이 생산된 것이다.

우리가 사는 집 앞마당과 가까운 공원뿐만 아니라 산도 시간과 돈과 노력을 기울여 공원화 사업을 해야 한다. 하지만 '산은 손대면 안 된다'는 선입견이 우리를 가로막기도 한다. 자연을 건드리면 산사태가 나고, 산에 사람들이 드나들면 산불이 난다는 우려 속에는 토템신앙이 자리하고 있다. '자연은 신성하다'는 환상과 '자연을 건드리면 화가 온다'는 두려움이 섞여서 자연에 손대는 것을 꺼려온 것이다.

자연은 방치하면 위험하다

'자연을 자연답게!'라는 구호는 그럴듯하게 들리지만 '자연을 방치하자'는 말이나 다름없다. 농업을 위한 토지개간 작업을 하듯 산지도 시간과 돈과 노력을 기울여 공원화 사업을 해야 한다. 그래야 국민이 산림을 누리며 안전하고 편리한 삶을 살 수 있게 된다.

산을 공원화하는 것은 안전장치를 마련하는 것이기도 하다. 최근 비가 많이 오면서 여러 곳에서 산사태가 났는데 경작지와 태양광 시설로 인한 위험도 높아진 상태이기도 하고 일부 산에는 나무가 너무 많아 관리가 필요한 상태이다. 경사가 심한 곳에 나무가 너무 빼곡하면 방치된 나무들로 인해 위험해진다. 일부 나무를 제거하여 숲 사이사이를 비워 놓아야 산사태를 막는 데 효과적이다.

요즘 산불로 인한 산림훼손이 심한데 숲 사이를 비우는 것과 함께 차단효과를 높여야 산불을 막을 수 있다. 산불 차단을 위한 산림관리가 필요한데 산을 건드리지 못하게 막아 공사를 못 하는 곳도 있다고 한다.

빽빽한 나무를 솎아내고, 숲 사이사이를 비워 놓고, 중간중간 차단지역을 마련해 과학적으로 관리하면 산불과 산사태를 방지할 수 있다. 이런 관리가 산을 공원화하는 기본이다.

지구를 보호할 수 있다는 생각은 오산이다. 자연은 인간에게 맡겨진 것이다. 그 속에서 우리가 쾌적한 환경을 조성하고 관리할 따름이다. 자본을 더해 잘 관리하고 잘 정리하여 인간이 자연과 친밀하게 호흡하며 지낼 수 있어야 한다.

우리나라에 국립공원이 많은데 진정한 공원화가 이뤄졌는지 의문이다. 우리나라 국토의 대부분이 산지라서 산을 빼면 남는 땅이 크게 줄어든다. 우리나라는 법으로 산을 임야로 지정해 건축물이 들어설 수 없게 되어 있다. '나는 자연인이다'라는 프로그램이 인기인데 산 중에 사는 자연인들이 과연 허가를 받고 집을 지었는지 의문이다. 많은 사람이 '나는 자연인이다'를 즐겨보는 건 산속 삶을 동경하기 때문이다.

산림청에서 운영하는 휴양림의 산장을 이용하려면 그야말로 '광클'을 해야 한다. 매월 1일 신청을 받는데, 순식간에 마감될 정도로 인기가 높다. 주변 공기가 좋은 데다 가격이 싸지만 방이 넉넉하지 않아 예약하기가 쉽지 않다. 사람들이 자연인의 삶을 그렇게라도 체험하고 싶어 경쟁이 치열한 것이다.

정부가 소수에게 산림욕 혜택을 줄 게 아니라 민간에게 맡겨 산속에 호텔이 들어서면 많은 사람이 이용할 수 있을 것이다. 산 정상에 산장이 있긴 하지만 시설도 허술하고 많은 사람을 수용할 수 없다. 자본이 투입되면 산속에서 친환경적인 숙박 시설을 편리하게 이용할 수 있을 것이다.

땅은 좁은데 산을 활용할 수 없으니 휴가철이면 바다와 계곡이 복잡하기 이를 데 없다. 규제를 풀어 호텔을 지으면 산속 어디든 가서 즐길 수 있다.

산속에 주택을 짓자

한발 더 나아가 산속에 주택이 들어설 수 있도록 규제를 풀어야 한다. 하천과 지하공간을 활용하듯 산도 자원화해야 한다. 주거지 중에서 뉴질랜드와 미국 버지니아주를 보면, 공원 속에 집들이 있는 듯 보인다. 그곳에 가면 숲 속에 띄엄띄엄 자리한 집 사이사이가 마치 공원처럼 잘 가꾸어져 있다.

우리나라도 산속에 집을 지을 수 있다면 얼마든지 그림 같은 집들이 들어설 것이다. 경사도가 심하거나 지나치게 깊지 않은, 안전이 확보된 곳에는 집을 지을 수 있도록 해야 한다.

대신 밀집 지역과 떨어진 곳에 집을 지을 때는 전기, 수도, 도로 같은 인프라 비용은 스스로 마련해야 한다. 지불할 의사가 있는 사업을 허가해 주고 사람들은 인프라를 마련해서 살면 된다.

신도시를 개발할 때 입주자들이 시설부담금을 내는 것과 같은 논리이다. 신도시를 조성할 때 고속도로를 신설하고 지하철도 들어선다. 그래서 분양을 받을 때 SOC 인프라 비용을 부담하게 된다. 분양가에 택지조성 비용을 포함하듯이 산에 집을 짓고 싶은 사람은 자신이 그 비용을 부담하면 된다.

자전거 도로와 케이블카 설치, 터널 뚫기를 할 때마다 반발이 일어난다. 하지만 케이블카를 설치한다고 자연이 망가지는 게 아니다. '자연을 어떻게 즐기나' 하는 관점에서 바라봐야 한다. 인위적인 것을 가미하면 안 된다는 자연 숭배 개념에서 벗어나 자연을 공원화하여 안전하고 쾌적하게 즐겨야 할 때이다.

무작정 반대하는 일은 자연을 방치해 더 좋지 않은 상황을 불러온다. 자연은 신성한 것이 아니라 관리의 대상이다. 필요하다면 케이블카도 설치하고 산꼭대기에 호텔도 지어야 한다. 평지에 마을이 들어선 것은 산에 조성하는 것보다 편하기 때문이지 산이 신성하기 때문은 아니다.

지금 전국에 위험한 숲속 길이 많다고 하는데 건설된 지 오래되기도 하였지만 사람이 이용하기에 적합하지 않기 때문이다. 안전기준을 지켜 건설하고 관리하면 편리하고 쾌적해진다. 예전과 달리 자본과 기술이 있으니 얼마든지 산에 도로와 마을을 만들 수 있다. 자본을 들이느냐 안 들이느냐의 문제일 뿐이다.

자연을 방치하면 더 큰 재앙이 다가온다. 자본 투입으로 자연을 공원화하는 것은 우리 삶의 수준을 한 단계 높이는 일이다. 불필요한 규제는 풀고 안전을 최대한 보장하면서 우리의 산을 공원으로 만들어 체계적으로 이용해야 한다. 그러면 우리는 국토를 훨씬 넓게 사용하면서 쾌적하게 살 수 있다.

자본과 기업

제3장 기업을 살려야 나라가 흥한다

자본을 축적할 수 있는 곳에서 일하라

　　　　　　자본이 축적된 나라, 자본이 축적된 도시, 자본이 축적된 기업까지 사회적 자본이 우리를 둘러싸고 있다. 이러한 자본 환경 속에서 개인은 어떤 노력을 해야 할 것인가. 대학에 들어갈 때에는 자본이 잘 축적된 학교를 선택하고 대학 졸업 후 자본이 축적된 회사를 찾는 등 개인적 관리를 면밀하게 해야 한다.

　자본이 축적된 나라의 좋은 회사에서 출발하면 그렇지 않은 곳에서 출발하는 것보다 훨씬 좋은 대우를 받을 수 있다. 예를 들어, 자본 축적이 미약한 몽골의 회사와 자본 축적이 탄탄한 한국의 대기업은 출발부터 차이가 난다.

　대기업에서 일한다고 해서 다 좋은 건 아니다. 분업화된 곳에서 단순한 일만 한다면 경험을 쌓을 수 없다. 주어진 업무나 단순 업무만 한다면 10년 20년이 지나도 배우는 게 없다. 급여가 많아도 내게 유익한 자본을 쌓을 수 없다면 그 직장을 계속 다녀야 할지 말지 고민해 봐야 한다. 대기업에 다녔다는 것만으로 퇴직 후가 보장되지 않기 때문이다.

정년이 보장되는 안정적인 일자리도 독이 될 수도 있다. 공무원에 대한 선호도가 높지만 단순한 업무는 경험을 쌓는 데 도움이 되지 않는다. 아무리 늦어도 50세 전후에 직장을 그만두어야 하는데 평생 단순 업무만 하다가 퇴직하면 경쟁력이 있을 리 없다. 100세 시대를 대비해 직장에 다니는 동안 부지런히 경험을 쌓아야 퇴직 후 새로운 일에 도전할 수 있는 경쟁력이 생긴다.

퇴직 후를 대비해 경험과 사회 적응력을 쌓으려면 경우에 따라 소기업이나 벤처비즈니스 분야에서 일하는 게 나을 수도 있다. 다양한 일을 하는 과정에서 경험 자본이 쌓이면 장기적으로 몸값이 더 높아지기 때문이다. 직장에 다닐 때 경험이라는 자본을 쌓고, 그 자본을 어떻게 활용할 것인지 늘 생각해야 한다.

동남아에서 제2의 인생 사는 사람들

자본이 축적된 대기업에서 고도로 숙련된 방식으로 다양한 경험을 한다면 그보다 좋은 것은 없다. 대기업에서 전문성을 인정받으며 일했던 사람들은 퇴직 후 다른 회사에 영입되어 사업 역량을 전파하는 일에 기용될 수 있다.

은퇴하고 동남아시아에서 제2의 인생을 사는 사람들이 있다. 이미 한국에서 오래전에 통용된 기술을 뒤늦게 도입하는 후진국들의 수요 덕분이다. 그 나라의 기업에 한국의 경험을 전파하는 것이다. 우리나라 기업에서는 이미 낡은 기술이지만 후진국에서는 얼마든지 통용되는 것이어서 충분히 공헌하며 보람 있게 일할 수 있다.

대기업에서 단순 업무만 했다면 타국에서 제2의 인생을 살 기회를 얻기 힘들 것이다. 중소기업이라도 새로운 기술을 익히면서 경험 자본을 쌓았다면 퇴직 후 얼마든지 새 인생을 살 수 있다. 그렇기 때문에 대기업, 중소기업 가리지 말고 경험 자본을 쌓을 수 있는 곳을 찾아야 한다. 당장 월급을 많이 주는 곳이나 안정된 곳보다 장기적인 관점에서 내 몸에 자본·지식·경험·기술이 축적되는 일을 찾아야 한다.

내 몸에 어떤 기술과 경험이 쌓이느냐에 따라 내 미래가 바뀐다. 그래서 평생직장이 아닌 '평생 할 수 있는 일'을 찾아야 한다. 내가 쌓은 경험 자본으로 내 앞날을 어떻게 개척해 나갈 것인지 늘 염두에 두어야 한다. 경험 자본이 미래의 생산성과 미래의 소득을 좌우하기 때문이다.

다른 사람이 할 수 없는 일을 하는가, 다른 사람에 의해 쉽게 대체될 수 있는가, 이것이 소득 수준을 결정하는 요인이다. 다른 사람이 하기 어려운 경험을 하고, 그 경험으로 가치를 창출한다면 내 몸값은 자연히 올라간다.

안정된 직장은 스스로 자신의 가치를 높이는 것에서 출발해야 한다. 조직에서 일하며 소중한 경험 자본을 쌓는 게 중요하다. 직장생활을 하며 쌓은 경영과 관련된 스킬이나 노하우, 조직 관리 역량 등이 미래를 위한 자본이 된다. 미래에 활용할 수 있는 역량을 갖추도록 늘 노력해야 한다.

가치 만드는 살아있는 지식

학교에서 공부하거나 연구실에서 연구하여 얻은 지식이

가치를 발휘하려면 실용적으로 활용 가능해야 한다. 사람들에게 도움 주거나 가치를 창출하는 데 기여하는 살아있는 지식이어야 하는 것이다.

비즈니스를 혁신하려면 실용적인 지식을 도입해야 하는데 그 지식이 이미 기존 기업에 적용된 것이면 소용없다. 새로운 지식이 현실에서 상품화되거나 사람들의 소비로 연결되어야 가치 창출에 도움이 되기 때문이다.

새로운 지식이 활용되는 기간은 생각보다 길지는 않다. 3~5년 정도는 상품 가치가 있겠지만 어느 정도 지나면 지식의 가치는 소멸되고 만다. 그래서 끊임없이 새로운 지식을 습득하고 그 지식을 활용해야 한다. 때로는 지식을 갖고 있는 사람으로부터 지식을 구입하는 경우도 생긴다. 그 지식이 어떤 도움이 되는지 판단하고, 현실에서 적용시켜 나가는 일을 부단히 계속해야 한다.

기업들은 여러 지적재산권을 갖고 있는데 가치가 높을수록 상표등록을 통해 보호받는다. 기업이 로열티를 받는 기술을 축적하게 된 것은 기술을 만든 사람이 있기 때문이다. 기업이 기술을 활용해 상품을 만들고, 그 기술을 회사가 보유하지만 기술 개발자는 경험을 축적하게 된다. 개발자가 퇴사한다고 하더라도 회사에서 쌓은 경험을 보유하게 되는 셈이다.

기업은 시장의 변화에 맞춰 새로운 기술을 개발해 경영 자원으로 활용하게 된다. 개발자는 회사라는 좋은 환경에서 앞으로 어떤 지식이 가치를 발휘하게 될지 판단한다. 그 과정에서 개발자는 계속 발전하면서 개인 자본을 쌓아 나갈 수 있다.

자기계발을 고려한다면 자본을 계속 축적하는 회사, 즉 자본 축적 과정을 밟는 회사를 찾아내는 것이 중요하다. 대기업이든 중소기업이든 벤처비즈니스를 성공시키는 회사가 유리하다. 예전에 활발하게 벤처비즈니스를 시행했지만 현재 멈춘 대기업이 많다. 중소기업 가운데 벤처비즈니스를 시도조차 하지 않는 경우도 있다. 대기업이든 중소기업이든 벤처비즈니스를 시도하며 자본을 축적해가는 기업을 찾아야 함께 경험을 쌓아 나갈 수 있다.

중소기업에 들어가면 다양한 경험을 쌓을 수 있기도 하지만 그야말로 '맨땅에 헤딩하기' 식이라면 아무 소용이 없다. 다른 곳은 이미 기계화했고, 컴퓨터로 처리하는 일을 과거 방식으로 진행하는 회사라면 아무 의미가 없는 것이다.

몸만 피곤할 뿐이다. 경험이라고 다 귀한 것이 아니라 경험의 질이 중요하다.

기업을 활용하라

우리나라는 세계 1위 기업을 6개 보유하고 있는데 그 가운데 5개가 삼성 계열사라고 한다. 새로운 변화의 물결에 계속 도전하는 가운데 얻은 결실이다. 반도체는 3년 안에 신제품이 계속 나오는 구조로 빠르게 변화한다. 3~5년 후 팔 제품을 벤처비즈니스로 마련하지 않으면 선두에서 밀려나게 된다. 그러니 부단히 노력하는 것이다. 삼성은 업종이 달라도 경영하는 능력이 있어 해내고야 만다. 이처럼 경험 자본이 중요하다. 조직의 문화는 매우 훌륭한 자본인 셈이다.

오래전 삼성 계열사 가운데 하나가 매각되어 다른 그룹에 편입된 일이 있었다. 당시 다른 회사로 배정된 직원들이 불만을 토로했지만 나중에는 오히려 만족했다고 한다. 삼성에서 강도 높게 일했는데 다른 그룹에서 편하게 일하면서 여유를 누릴 수 있었기 때문이다. 삼성 직원들이 강도 높은 일을 견뎌내는 것은 그 회사의 자본이고, 그런 자본 덕분에 최강의 회사가 된 것이다.

북한의 새벽별 보기 운동, 천리마 운동도 강도가 높다. 하지만 북한은 새벽부터 밤늦게까지 일해도 결실이 나지 않는다. 똑같이 강도 높게 일해도 어떻게 협력하느냐가 중요하다. 기술과 경험, 경영 자본이 있는 회사에서 일을 효과적으로, 생산성 있게 해야 결과가 좋게 나온다. 결국 훌륭한 시스템 아래서 훈련받아 수익을 내본 사람이 자기 몸에 자본을 쌓을 수 있는 것이다.

북한에서 하루 열 시간 넘게 일하면서 새벽별 보기 운동을 한다고 해도 결코 자본이 쌓이지 않는다. 자본이 축적된 곳에 갔다고 해도 단순 작업을 반복하고, 공무원 스타일로 일하면 새로운 자본이 축적되지 않는 것과 마찬가지다. 그래서 직업을 선택할 때 경험자본을 쌓을 수 있는지를 꼭 따져봐야 한다.

자본이 축적된 대기업이어도 더 이상 새로운 자본이 투입되지 않아 새로운 경영, 새로운 도전, 새로운 혁신이 없다면 성장이 멈춘다. 그런 회사에서 30년을 일해도 새로운 걸

배울 수 없다. 입사 초기, 일을 익히는 동안 경험 자본이 쌓이겠지만 이후 더 이상 발전이 없는 곳이라면 지식도 경험도 늘 제자리걸음일 것이다.

훌륭한 리더가 있는 회사

'리더가 조직의 99%'라는 말이 있는데 적어도 리더가 그 조직의 절반 이상을 결정하는 건 분명하다. 리더는 어떤 일을 결정하고 성과를 내는 데 중요한 영향력을 발휘한다. 당연히 탁월한 리더를 만나는 것은 대단히 중요한 일이다. 새로운 것을 추가하고 경험하게 만들며, 어떻게 성과를 이루는지를 체험할 수 있기 때문이다.

바로 위의 상사가 무능하더라도 그 위에 실장이 훌륭하면 그나마 다행이다. 그런데 제일 위의 리더까지 무능하다면 그 회사는 다닐 이유가 없다. 더 이상 배울 게 없어 내 몸에 쌓을 게 없기 때문이다. 아무 경험도 쌓을 수 없는 곳에 다니는 것은 시간 낭비를 넘어 자신을 상대적으로 퇴보시키는 일이다.

만약 지금 다니는 회사의 리더가 무능하다면 과감히 그만두고 새로운 곳을 찾아야 한다. 새로운 기회, 새로운 도전, 새로운 혁신이 내 몸에 축적되어야지 제자리걸음만 하면 안 된다.

일하는 과정을 통해 새로운 것들을 경험적 지식으로 쌓아야 한다. 그러면서 다른 일에도 접목해봐야 한다. 삼성이 다양한 분야의 1위 기업을 만들어 나가고, 미국 대기업들이 세계를 선도하는 것처럼 성장해나가야 한다.

생산성이나 수준이 고만고만한 낙후된 회사에서 제자리걸음만 할 것인가. 새로운 도전 속에서 자본을 늘려 나가면서 경이롭게 발전하는 회사를 선택할 것인가. 개인의 역량을 어떻게 쌓을 것인지 고민하며 살아가야 한다.

한국인은 왜 몽골인보다
더 많은 월급을 받을까?

　　　　　　우리 학생들은 세계수준에 못미치는 교육시스템에 시달린다. 더 많은 시간을 공부에 써야 하는 악조건 속에서 열심히 노력한다. 좋은 대학과 좋은 기업에 들어가는 것이 그간의 고생을 어느 정도 보상받는 길이다.

　그렇게 장기간 공부하는 것도 아닌데 네덜란드 학생은 입사하자마자 억대 연봉을 받는다. 싱가포르도 억대 연봉 일자리가 넘쳐난다. 미국 신입사원의 연봉은 2억 원이 넘고 일부 IT기업은 4억 원이 넘기도 한다. 더욱 놀라운 것은 우리는 한 주에 40시간을 일하는데 미국이나 네덜란드, 싱가포르에서는 훨씬 적은 시간 일한다는 사실이다.

그런가 하면 몽골 청년은 그 나라 일류 대학을 나와 좋은 회사에 들어가도 월급이 우리 돈으로 50만 원 남짓밖에 안 된다. 몽골 청년이 볼 때 자신보다 5~10배를 받고 직장생활을 시작하는 대한민국 청년이 부러울 것이다.

'좋은 대학과 좋은 기업'의 기준은 무엇이고, 왜 차이가 나는 걸까. 열쇠는 자본의 축적, 즉 생산성에 있다. 자본이 쌓이면 생산성이 높아지고, 그만큼 임금은 높게 받을 수 있다. 예를 들어 삼성은 반도체 수율이 높아 불량률이 낮다. 오랜 기간 갈고 닦아 쌓인 기술은 신생 회사가 쉽게 따라 하기 힘들다. 그뿐만 아니라 삼성은 오랜 기간에 걸쳐 다져온 조직문화, 하청계열사와의 뛰어난 협력 문화가 형성되어 있다. 즉 노하우와 기술, 경험, 네트워크 등등 회사가 이루어낸 모든 것들이 자본인 셈이다.

앞에 거론한 싱가포르, 네덜란드, 미국은 우리나라보다 1인당 국민소득이 훨씬 높은 나라들이다. 자본이 풍부해서 생산성이 높고 임금이 높아지니 소득 수준이 높은 것이다. 미국과 네덜란드는 우리보다 훨씬 앞서 산업화를 이루면서 수많은 노하우를 쌓았고, 아시아의 허브로 떠오른 싱가포르에 돈과 사람이 몰리고 있다.

스위스와 일본은 자본주의 국가답게 '도덕과 양심'이 살아있는 나라라고 평가받는다. 소비자들에게 일본 자동차는 10년, 20년을 타도 고장 나지 않는다는 인식이 박혀있다. 스위스의 명품 시계들은 세월이 가면서 명성을 더해가는 중이다. 노하우와 전통과 평판은 스위스와 일본이 쌓아놓은 자본인 셈이다. 자본을 가진 사회와 자본을 갖지 못한 사회는 차이가 점점 벌어질 수밖에 없다.

자본이 쌓인 곳을 찾아라

진학이나 취업을 앞두고 가장 먼저 따져야 할 것은 '자본이 축적되어 있는가?'이다. 이른바 좋은 대학은 '자본이 많이 축적된 곳'이라고 할 수 있다. 면면히 이어 내려오는 전통에 따라 대학마다 강점이 다르다. 유능한 교수들과 앞선 선배들이 쌓아놓은 노하우와 명성에 따라 배움의 질에도 차이가 난다.

한때 해외 유학 붐이 일었지만 이제는 양상이 많이 달라졌다. 코로나 충격에서 벗어나 다시 증가세를 보이고는 있지만 한국 대학을 졸업하는 것과 비교해 크게 유리한 점이 없다보니 과거에 비해 유학에 대한 선호가 줄었다. 다만 미국의 소프트웨어 계통 학과만은 여전히 유학 인파가 몰리고 있다. 미국의 공과대학은 축적된 노하우를 갖추고 있어 그곳에서 공부하면 최고의 IT기업에 취직할 수 있기 때문이다. 소프트웨어 계통 역시 미국이 강하다. 현재 세계를 움직이는 IT기업과 AI 관련 업체들은 대부분 미국 회사들이다.

기업을 선택할 때 가장 중요한 기준은 뭘까. 사람마다 다르겠지만 연봉도 반드시 따져보는 항목일 것이다. 들어가자마자 높은 월급을 주는 회사와 자본이 많이 축적된 회사가 있다면 어디를 선택해야 할까. 실제로 업종에 따라 이 문제로 고민하는 사람들이 많다. 특히 투자를 많이 받는 IT기업 지원자들은 갈등에 휘말리기 쉽다.

예를 들어 A사에 투자받은 10조 원이 쌓여 있다고 하자. 기술은 없지만 돈이 많으니 월급을 많이 줄 수 있다. B사는 펀드 투자를 받지 않아 쌓여 있는 현금은 별로 없지만 뛰어난 기술을 갖고 있다. 당장 월급은 많지 않지만 앞으로 발전 가능성이 크다.

돈 들어갈 일이 많은 사회 초년생으로서 갈등이 생길 수

밖에 없다. 장기적으로 봤을 때 당장 월급을 많이 주는 A사보다 발전 가능성이 큰 B사를 선택하는 게 현명하다. 아무리 돈이 쌓여 있어도 A사가 새로운 기술을 개발하지 못하면 얼마 못 가 문을 닫을 수 있기 때문이다. 하지만 B사는 쌓여 있는 기술에 가속도가 붙으면서 더 높은 가치를 창출할 가능성이 있다.

단순한 연봉 비교보다 새로운 기술과 지식 자본을 보유한 회사, 앞으로 계속 성장할 가능성이 있는 기업을 찾아라. 특별한 문제가 없는 한 혁신하고 있는 회사는 앞으로도 발전 가능성이 큰 것이다.

이전에는 공무원 시험 경쟁률이 엄청나게 높았는데 요즘 노량진 학원 골목이 썰렁하다고 한다. 왜 그럴까. 만족도가 떨어지기 때문이다. 정해진 대민서비스만 하면 되는 공무원 직종은 딱히 축적되는 지식이랄게 없다. 지시에 따라 맡은 업무를 수행할 뿐이어서 신기술을 개발하고 문화를 쌓으며 성장하는 기업들과 비교 대상이 되지 않는다. 경쟁이나 자본 축적이 용이하지 않다 보니 월급도 정해진 대로 조금씩 오를 뿐이다.

한국은 규제를 통해 공무원이 나름대로 위력을 발휘하

고 군림하는 모습을 보인다. 반면, 미국 같은 열린 사회에서 규제를 통한 관 주도 비즈니스는 활력을 갖지 못한다. 우리나라도 선진국처럼 규제가 줄어들면 공무원에 대한 선호는 더욱 줄어들 것이다. 땀 흘리고 도전하여 성취한 만큼의 보수를 원하는 요즘 세대들에게 안정은 그리 매력적인 덕목이 아니다.

경험자본과 자본이 축적되는 회사를 선택하라

면면히 내려오는 전통과 독보적인 기술이 쌓여 있는 회사에 들어가는 것으로 끝이 아니다. 그곳에서 나를 발전시켜 나가야 하는 중요한 일이 기다리고 있다.

힘들게 들어간 대기업을 입사 2년 차에 그만두는 소포모어 징크스 Sophomore jinx 때문에 회사들이 골머리를 앓고 있다. 그만두는 이유 중에 "기대했던 것과 다르다. 꼰대 상사가 괴롭힌다" 같은 내용도 있지만 "단순 업무만 되풀이하는 게 지겹다"는 것이 가장 큰 이유라고 한다.

제아무리 유명한 회사라고 해도 단순 업무만 계속한다

면 개인적인 발전이 있을 수 없다. 대기업일수록 분업화가 잘 되어 한곳에 정체될 우려가 있다. 그렇다고 발전 가능성이 큰 회사를 쉽게 그만두는 것도 좋은 방법은 아니다. 1~2년 정도 단순 업무를 견디며 회사 내에서 새로운 길을 모색하면 된다. 인내하며 성취를 이루다 보면 새롭게 도전하는 자리로 옮길 수도 있고, 다른 회사로 갈 수도 있다. 요즘 많은 회사가 경력자를 우대하기 때문에 좀 힘들더라도 참고 경력을 쌓으면 얼마든지 더 나은 기회와 좋은 회사를 찾을 수 있다.

단순 업무만 하면서 고액 연봉에 취해 안일하게 지내는 것이 가장 나쁜 상황이다. 더 이상 발전이 없기 때문이다. 실력에 따라 내 몸값이 달라진다. 회사에 들어가 체험적 지식을 쌓은 다음 몸값을 높여 새로운 도전을 이어갈 회사로 옮겨가라.

자본 축적이 된 회사는 장기적으로 계속 발전하기 마련이다. 쌓여 있는 지식과 자본의 양이 경쟁과 혁신 속에서 계속 부가가치를 발휘하기 때문이다. 자본이 쌓여 있는 회사에서 일하며 실력을 쌓는다면 나도 동시에 상승할 수 있다. 동반 상승의 원리를 이해하고 전략적으로 움직이다 보면 어느새 자신이 경쟁력 있는 인재가 되어 있음을 발견할 것이다.

나를 갈고 닦아라

자본 축적의 원리를 깨닫게 되면 "너나 나나 똑같은데 왜 네가 돈을 덜 받아? 똑같이 대학을 졸업했는데 왜 차이가 나?" "누구보다 열심히 일했는데 왜 네덜란드 직장인보다 내가 덜 버는 거야?"라는 의문은 해소되기 마련이다. 몽골 청년도 한국 청년들보다 연봉이 훨씬 적은 것을 이해하게 될 것이다.

미국, 네덜란드, 싱가포르보다 우리 노동자들이 대우를 덜 받는 건 언짢은 일이다. 하지만 그 나라들이 오랜 세월 실적을 쌓아왔다는 걸 인정하고 따라잡으면 될 일이다. 삼성, SK, 현대차, LG 같은 기업들이 가치 창출을 계속해 왔고, 지금도 치열하게 경쟁하고 있기 때문에 우리 사회의 전망은 밝다. 우리 기업들은 지식과 경험 자본이 축적되는 가운데 계속 발전해나갈 것이다.

조선시대는 상업원리를 인정하지 않는 갇힌 세상이라 제로섬 사회였다. 서로 돕는 윈윈의 거래 방식이 아니라 권력을 가진 사람이 규제를 가하면 다 빼앗기는 구조였다. 비슷한 현상이 북한의 장마당에서 벌어지고 있다. 누군가 장마당에서 돈을 많이 벌면 힘센 사람이 나타나 빼앗아 버린다. 그리고 그 힘센 사람을 더 힘센 사람이 제압해 버리는 일이 공공연하게 일어난다. 생겼다가 사라지고, 생겼다가 또 사라지는 것이 통제사회의 특징이다. 자본의 축적이 안 되니 발전이 될 리 만무하다.

대학이든 기업이든 나라든 한 단계씩 실력을 쌓아야 하는데, 일순간에 파괴되면 맨바닥에서 다시 시작해야 한다. 계속 축적하는 조직과 늘 바닥으로 미끄러지는 곳, 승자가 뻔히 보이지 않는가.

자본을 쌓아 나가는 일은 나 혼자 노력한다고 되는 게 아니다. 나와 내 학교, 내가 선택한 기업, 내가 살아가는 지역에서 서로가 자발적인 거래를 통해 윈윈의 축적물을 만들어내는 과정을 통해 더 나아질 수 있다. 다행히 우리나라는 실력이 쌓인 학교와 기업도 많고 기회도 많으니 자본에 우호적인 제도를 유지하면 더 나아질 수 있다.

앞으로 무엇을 선택해야 할 때 '자본 축적'을 기억하자. 자본이 쌓인 대학과 회사에 들어가고, 그 안에서 최선의 노력을 기울여야 한다. 회사 내에서 경험과 실력을 발휘해 자기 자본을 늘리려면 새로운 비즈니스를 찾아내고 업무부서를 옮기는 일을 두려워하면 안 된다. 자신 있다면 더 나은 회사로 옮겨가라. 심지어 자본 축적이 잘 된 나라에서 일할 기회가 있다면 망설일 필요가 없다.

몽골이 아닌 대한민국에서 태어난 것은 엄청난 행운이다. 한국은 몽골과 비교할 수 없는 엄청난 자본이 쌓여 있는 나라이다. 단단하고 알찬 땅에서 나 자신을 갈고닦으면 어느새 최고의 인재가 되어 있을 것이다.

기업은 자본의 결합체

　　　　　　　　기업은 자본의 결합체이다. '자본으로 똘똘 뭉친 공동체'라는 뜻으로, 이윤을 추구하는 경쟁 단위이다. 이윤을 추구하려면 사람과 노하우, 돈이 하모니를 이루어야 한다. 기업은 기술과 사람과 돈이 서로 협력을 이루면서 생산성을 극대화하여 수익을 창출하는 방식으로 진화해왔다.

　기업은 자본이 발휘되기 좋은 형태로 성장해왔고 현실에 맞게 계속 구조조정을 해 왔다. 한순간에 고정된 것이 아니라 스스로 재구성하며 진화해온 것이다. 경영자들은 어떤 부분을 보완했을 때 생산성이 높아지고 수익이 더 개선되는지 판단하고 조직을 재구성했다.

기업은 자율성이 허용되어야 생명력을 유지한다. 스스로를 바꿀 수 있는 유연한 제도적 환경이 필요하다. 그래야만 사람, 기술, 돈이 현실에 맞게 협력방식을 바꾸면서 적응하게 된다. 자본이 가장 고도화된 형태로 발휘되어야 가치가 커지고 사회적 편익이 높아진다.

 농자천하지대본을 부르짖던 시절이 있었지만 지금은 누가 뭐래도 기업천하지대본 시대다. 천하지대본天下之大本은 '세상의 중요한 바탕, 나라가 안정적으로 유지될 수 있도록 하는 힘'이라는 뜻이다. 기업이 생산을 하고 가치를 창출해야 사회가 발전할 수 있다.

기업을 없애는 건 사회적 손실

 정치권력자나 반기업적 정책에 의해 기업이 해체되거나 강제적으로 사업을 규제하는 일이 종종 벌어진다. 'A기업이 아니면 B기업이 만들어지면 돼'라는 생각은 잘못된 판단이다. 오랜 기간을 통해 형성된 A기업은 그동안 해왔던 일의 방식과 경험, 성과를 갖고 있다. 다른 기업이 그것을 똑같이 흉내 낼 수 없을 뿐만 아니라 그런 통제 방식으로는 기업이 새로운 가치 창출을 할 수 없다. 기업을 없애는 건 자본을 파괴하는 것으로 커다란 사회적 손실이다.

비슷한 기업이 상품을 넘치도록 생산하는 것을 보고, 권력자는 통폐합하는 게 좋다고 생각하기 쉽지만 '과잉인지 아닌지'는 시장이 판단할 문제이다. 권력자가 "이게 좀 많으니 저쪽으로 옮겨. 이게 하나밖에 없으니 더 만들어"라고 간섭하면 좋은 성과가 나올 수 없다. 권력을 통한 배분은 시장만큼 효율적일 수 없다. 시장을 대체하겠다며 정부가 임의적으로 개입을 하면 사람들이 불편을 겪고 혼란만 일어난다.

같은 종류의 공장이라면 통합으로 더 잘 될 수 있지 않을까? 결코 그렇지 않다. 같은 빵 공장이라고 해도 회사마다 추구하는 바가 다르다. 이질적인 두 회사가 통합한다고 무조건 시너지 효과가 나오는 것도 아니다.

격차가 있는 두 회사 A와 B를 합치면 좋은 일 아니냐는 주장도 낭만적인 생각일 뿐이다. 오히려 새로운 가치 창출을 막는 요인이 될 수 있다. A가 뛰어나서 B에게 위협이 되면 시장에서 자연스럽게 B는 해체될 것이다. 그런 과정을 통해 A가 확대되면서 소비자·생산자의 편익이 생기고 종업원의 소득도 높아진다. 인위적인 통합보다는 경쟁을 통해 낡고 뒤처진 회사가 사라지고 인적·물적 자원이 승자 또는 새로운 기업에 편입되는 게 바람직하다.

경쟁력을 상실한 기업은 사라지는 게 순리이다. 해체된 회사의 직원과 자원은 어려움을 겪겠지만 시장이 유연하다면 더 나은 기업으로 편입될 수 있다. 경쟁력이 없는 일자리가 사라지는 것은 또 다른 생산성 높은 일자리가 만들어지는 과정이므로 노동자들은 두려움을 가질 필요가 없다.

대기업이 나오기 힘든 구조

자본력이 탄탄한 기업의 생산성은 높아지기 마련이다. 삼성이나 애플은 수익을 많이 내는 회사이다. 웬만한 다른 기업이 자본을 가지고 있다고 해도 삼성이나 애플만큼 생산성을 낼 수 없다. 그러므로 삼성과 애플 같은 회사에 자본이 축적되는 일을 방해하면 안 된다. 생산성이 높은 회사가 더 큰 가치를 창출할 수 있도록 시장환경이 유연성과 개방성을 유지해야 한다. 그래야 자본을 기반으로 기업이 장기적으로 일하게 되고 더 좋은 성과가 나온다.

개방된 시장에서는 인적결합, 기술결합, 돈의 유기적 결합이 수시로 일어나는데 사람들은 이를 불안하게 보기도 한다. 그러는 과정에서 망하는 기업도 나온다. 시장에서 그런 일이 생기는 건 오히려 자연스러운 일이다. 퇴출을 통해 시장은 더 발전된 방식을 찾기 때문이다.

수익성 높은 기업들은 자연적으로 규모가 커지면서 대기업으로 성장한다. 이는 소비자의 선택에 따른 결과이다. 그 과정에서 고소득의 일자리를 제공하고 그로 인해 경제 전체의 전반적인 소득수준이나 후생 수준이 올라간다. 우리나라에 대기업이 더 이상 나올 수 없는 환경이 되었다는 점이 안타까울 따름이다.

대기업이 나오지 않는 건 경쟁을 막았거나, 통제하고 있거나, 제도가 잘못되었기 때문이다. 한마디로 요약하면 자본 축적이 힘들어졌다는 뜻이다. 규제를 풀어 자본을 투입할 수 있도록 해야 대기업이 나오고, 고소득 일자리도 생기는 것이다.

우리나라는 글로벌 기업이 많은 게 장점이었다. 그런데

글로벌 기업을 자랑스러워하기는커녕 재벌이라 부르며 적대시하고 반기업 정책을 통해 대기업이 더 이상 배출되지 않는 나라로 만들고 말았다.

1990년대 말부터 대기업 비중이 뚝 떨어지면서 선진국과의 격차가 심해졌다. 미국과 영국은 고용의 40%가 대기업에서 일어난다. 일본은 20%가 대기업에서 일한다. 한국은 10% 정도만 대기업 소속이다.

예전에 우리나라 대기업이 글로벌 기업으로 성장하는 과정에서는 노동자의 20%가 대기업에서 일했다. 1997년 외환위기 때 재벌 해체가 이뤄지면서 대기업 종사자가 전체의 10%대로 떨어졌다. 고수익을 제공하는 안정적인 일자리가 줄어들면서 노동자의 삶이 크게 불안정해졌다.

외환위기 이후 우리나라에서 대기업이 나오지 않고 있다. 외환위기 때 수많은 대기업이 해체되었고, 이후에도 지속적으로 대기업에 불이익을 주었기 때문이다. 반면 중소기업으로 남아있으면 지원하는 정책이 강화되었다.

개도국들이 경제 성장을 하는 초기에 '대만의 성장은 중소기업이 탄탄하게 지탱하고 있기 때문'이라는 말이 있었다. '대기업 위주의 우리나라가 대만처럼 중소기업 위주로 바뀌어야 한다'는 반기업정서의 목소리도 높았다. 우리 경제가 대기업을 중심으로 화려한 성장세를 보였고 그런 주장이 거짓임이 드러났다. 우리나라에 뒤졌던 대만이 최근 우리나라를 추월하게 된 계기는 중소기업 정책을 포기했기 때문이다. 대만의 대기업 육성정책의 대표적인 성공 사례가 TSMC라는 세계적인 글로벌 기업이다. 중소기업 우선정책을 폐기하면서 대만 경제의 소득수준이 TSMC의 활약으로 우리나라를 추월했다.

대기업 육성한 대만의 약진

우리나라는 하루 속히 대기업 억제정책과 중소기업 지원정책을 폐기해야 한다. 경제정책이 대기업 억제에 집중되다 보니 대기업으로 성장할 수 있는 회사들이 중소기업에 머물고 있다. 성장하던 중소기업들이 규모가 커지면 회사를 팔거나, 작게 분할하거나, 해외로 이주하는 방식을 취한다. 이는 사회적으로 엄청난 손해이다. 자본을 효율적으로 활용해야 하는데 자본이 더 이상 크지 못하도록 막는 일이 되풀이

되고 있는 것이다. 이런 현상으로 우리나라는 세계 경쟁에서 뒤처지고 있다.

그럼에도 반자본적이고 반기업적인 생각을 하는 사람들은 중소기업이 더 아름답다며 찬양한다. 기업이 자본을 더 잘 활용할 수 있도록 경쟁을 촉진하기보다 중소기업에 안주하게 만드는 것이다.

시장에서 기업은 자발적으로 협력한다. 대기업과 중소기업이 혼재되어 있는 건 자연스러운 일이다. 대기업을 가로막고 중소기업에 머물도록 하는 식의 인위적인 억압은 모든 기업을 무력화시킨다.

대기업이 탄생하기 힘든 제도를 만든 것은 정치인들의 잘못된 생각때문이다. 전두환 정권에서 제6공화국 헌법을 만들 때 경제민주화 조항을 넣은 뒤 꾸준히 재벌 해체 정책을 실시하였다. 경제민주화를 주장한 일부 세력의 잘못된 인식이 우리나라를 낙후시킨 셈이다. 공정거래법을 통해 대기업 규제가 심화되었다. 제도가 뿌리 깊게 자리잡은 데다 규제가 이중 삼중으로 가해지고 있어 기업경제 활성화가 쉽지 않은 상황이다.

따지고 보면 반기업 정서는 조선시대 상업을 천시한 문

화에 그 뿌리가 있다. 사농공상土農工商 정신이 1980년대 후반에 되살아났을 뿐이다. 일본도 여러 규제가 있었는데 지금 그 규제를 대부분 풀고 있다. 우리나라는 그런 시도조차 하지 않고 있어 안타까울 따름이다. 대기업 자본이 나오기 어려운 풍토를 만들면 미래는 어두울 수밖에 없다.

자유 경쟁이 가능한 사회 돼야

우리나라가 국민소득 3만 5,000달러를 유지하는 것은 다행스러운 일이다. 박정희 대통령 때부터 축적된 기업 자본을 바탕으로 그만큼 생산하고 소비할 수 있기 때문이다. 앞으로 4만 5,000달러 선까지 갈 수는 있겠지만 싱가포르나 네덜란드처럼 8만 달러로 가는 건 쉽지 않을 전망이다. 만약 대기업 억제정책과 중소기업 지원정책을 없앤다면 충분히 가능한 일이다.

후진국이 1만 달러에서 2만 달러 수준으로 올라가는 건 대단히 힘든 일이다. 중국도 1만 달러를 넘기지 못하고 있는데 우리나라가 3만 5,000달러를 유지하고 있으니 장한 일이다. 하지만 베네수엘라처럼 곤두박질치는 나라도 있으니 반자본 정책이 강화되지 않도록 늘 경각심을 가져야 한다.

우리 사회에 축적되어 있는 자본을 허물지만 않는다면 지금 수준을 유지할 수 있을 것이다. 기업인을 억압하여 공기업화하거나 대기업을 줄이려는 시도는 더 이상 하면 안 된다.

대기업, 중소기업 모두 기업일 뿐이라서 규모를 가지고 편애하거나 차별할 필요가 없다. 규모와 관계없이 기업이 경쟁할 수 있도록 하면 저절로 좋은 결과가 나온다. 대기업 규제와 중소기업 지원을 다 없애야 한다. 기업의 규모가 크고 작은 건 정치적으로 논란이 되겠지만 경제적으로는 아무 의미가 없다. 시장에서 자유로운 경쟁을 통해 기업 스스로가 커나갈 수 있도록 해야 한다.

무엇보다도 벤처비즈니스에 자본을 원활하게 투자할 수 있어야 한다. 새로운 비즈니스가 만들어질 때는 순식간에 자본이 투입되어야 발전할 수 있다. 벤처비즈니스는 대기업, 중소기업, 신생기업 할 것 없이 모두가 시도하는 일이다. 유연한 경제환경으로 자본이 막힘없이 잘 흘러갈 수 있도록 해야 한다.

환경변화에 적응하지 못해 스스로를 바꾸지 못하는 기업들도 있다. 그럴 때는 시장에서 자연스럽게 도태되고 승자 기업이 더 커질 수 있게 해야 한다. 인위적인 간섭이나 지원으로 남아있게 하면 안 된다. 도태된 기업의 자원이 새로운 벤처비즈니스로 흡수될 수 있도록 해야 한다. 경쟁력을 상실한 기업들이 남아서 좀비처럼 헤매면 사회적으로 해롭기 때문이다.

어딘가에 형성된 자본이 그 방식대로만 유지되어야 한다거나, 자본은 그 역할만 해야 한다는 식의 규제도 사라져야 한다. 자본과 인력은 새로운 방식으로 융합되고 결합되어 새롭게 재탄생할 수 있어야 한다. 그것이 바람직한 협력이다. 자본의 집합체인 기업이 변화에 유연하게 대처해서 새로운 비즈니스를 창출하거나 새로운 형태로 바뀔 수 있어야 한다.

자본에는 과잉이 없다

우리 사회는 절제와 중용을 미덕으로 생각해왔다. 그래서 '정도를 지나침은 미치지 못함과 같다'는 의미의 과유불급 過猶不及 을 생활신조로 삼은 이들이 많다. 그런 만큼 '과잉'에 대해 알레르기 반응을 일으키는 경향이 있다.

'자본 과잉'은 어떨까. '자본'과 '과잉'을 생각하며 얼굴을 찌푸리는 사람도 있을 것이다. 옆집에 차가 다섯 대 있다고 하자. 낚시하러 갈 때 타는 차, 외식하러 갈 때 가족들이 이용하는 패밀리카, 주말농장용 트럭, 중요한 사업파트너를 만나러 갈 때 타는 고급 세단, 아들이 운전하는 SUV가 주차장에 나란히 서 있다면 "아니, 왜 저렇게 낭비를 해, 한 집에

차가 왜 다섯 대나 필요해. 과시욕 쩌네."라며 한마디 할 것이다. 하지만 차를 여러 대 구입할 능력이 있어 용도에 맞춰 이용하는 걸 과잉이라고 흉볼 이유는 없다.

어떤 사람은 "서울에 지하철 노선이 왜 10개씩이나 필요해?"라고 비판 하기도 한다. 2,000만 명이 이용하는 데 20개 노선을 만들면 어떤가. 중국 베이징은 순환도로가 7환까지 설치되어 있다. "서울은 내부순환도로와 외부순환도로 두 개인데 베이징은 왜 일곱 개나 돼? 낭비 아냐?"라고 생각할 일이 아니다. 일곱 개의 순환도로가 다 역할이 있어서 만들었을 테니까.

"자본은 이 정도면 됐어. 자본이 과잉되면 문제가 생긴다"는 말은 불필요한 단정이다. 자본을 가진 쪽이 알아서 판단할 문제다. 자본이 투여되었다는 건 그만큼 수요가 있었다는 뜻이다.

어떤 건물은 10층인데 엘리베이터가 한 대뿐이다. 건축 당시 한 대가 효율적이라고 생각하여 그렇게 설치했을 것이다. 두 대가 설치되었다고 해서 나쁠 이유는 없다. 대신 그만큼의 사무 공간이 줄어든다. 10층 건물에 엘리베이터를 10대나 설치하는 건물주는 없을 것이다. 50평 아파트에 화장실을 10개나 들이는 집주인이 어디 있겠는가. 아무도 그렇게 만들지 않으니 참견할 필요가 없다. 자본을 적합하게 투입하여 효율적으로 사용하니 "이 건물은 천장이 왜 이렇게 높아. 엘리베이터가 왜 이렇게 많아"라며 트집 잡을 일이 아니다.

하지만 요소 하나하나에 자본 과잉을 걱정하는 사람들이 있다. 돈을 들여 발전하면 좋겠지만, 혹여 자신의 이익이 침해받을 수 있다고 생각하는 경우가 있기 때문이다. "생태계를 위해 여기에 뭐가 들어서면 안 돼", "돈 있는 사람들이 이런 것까지 넘보다니", "대기업이 다 해 먹으려고 하네"라는 말속에는 '자본이 이런 역할까지 파고들면 안 된다'는 반자본적인 원시적 본능이 내재되어 있다.

스마트팜으로 자본 투자 허용해야

자본이 들어오지 못하도록 막는 대표적인 분야는 농업이다. 땅을 넘치게 많이 쓰지만 자본과의 협력을 막아놓아 생산성이 떨어져 농업인의 소득은 낮고, 수입을 막아놓아 소비자의 피해는 크다. 결론적으로 말하면 농사지을 땅은 얼마든지 있고, 자본이 투입되면 우리나라는 농산물 수출국이 될 수 있다.

얼마 전 대기업에서 토마토 농사를 위한 스마트팜을 조성하려 했으나 시작 단계부터 반대에 부딪혀 사업을 접고 말았다. 사업을 막을 권리가 없는 농민단체가 반대한 것이지만 여론을 의식한 정치적 압박으로 인해 더이상 추진하기 어려웠던 것이다. 그들은 농업인들이 알아서 상추 심고 오이 기르면 되는데 농업까지 대기업 자본이 진출하는 건 있을 수 없는 일이라고 말한다. 그런 심리의 바닥에는 농업은 특수해서 자본을 받아들이면 안 된다는 생각이 깔려 있다.

휠체어를 손으로 밀고 다니던 장애인들이 요즘 전동 휠체어를 자가용처럼 타고 다닌다. 돈을 들여 사업화함으로써 편한 전동 휠체어를 생산했기에 가능해진 일이다. 자본이 투입되면 더 나은 방식으로 발전해 나갈 수 있다. 자본은 일정하게 머물러 있거나 남의 영역을 빼앗는 제로섬이 아니라 투입할수록 늘어나고 풍성해지는 속성이 있기 때문이다.

농업 분야에 자본이 들어가면 분명히 더 발전하게 된다. 과거의 방식만 고집하면 획기적인 변화가 일어나기 힘들다.

무조건 안 된다고 할 게 아니라 자본을 받아들여 시도해 보면 알 수 있다.

하지만 농업 분야는 땀 흘려 일하는 것이라 신성한 것이며 햇빛을 보며 자라는 작물을 돌봐야 한다는 전근대적 생각에 갇혀 있다. 지역 주민들이 힘을 합쳐 협동농장을 운영하면 모두가 성공할 수도 있는데 대기업 자본에다 해외자본까지 농촌을 넘본다는 피해의식에 빠져 다가오는 혁신의 기회를 등지고 있다.

새로운 일자리는 계속 생긴다

농산물에 대한 소비자 불만이 높다. 세계 시장 시세에 비해 터무니없이 비싸기 때문이다. 수입이 허용되지 않는 분야일수록 가격과 품질 차이가 심하다. 비싼 국산 농산물을 가정에서 직접 요리해서 먹는 사람들도 있겠지만 삼시세끼를 밖에서 해결하는 사람들이 얼마나 많은가. 생활 물가의 부담을 줄이기 위한 해법을 찾아야 한다.

우리나라에서 농산물을 경쟁력 있게 생산하여 싼값에 소

비자들이 먹고 수출까지 하면 얼마나 좋을까. 하지만 농업에 자본을 투입하지 못하게 규제하고 있으니 농업생산의 자본화가 이뤄지지 않고, 경쟁력이 낙후된 상태에 머물고 있다.

산업화 이전 우리나라 인구의 85%가 농업에 종사했다. 현재 농업에 종사하는 사람은 전 국민의 3~4%로 줄기는 하였지만 선진국과 비교하면 여전히 많다. 왜 농업 인구가 줄어도 될까. 농업에서 부가가치 창출을 못하고 있기 때문이다. 농업에 자본이 들어가서 생산성이 높아지면 농업 인구가 늘어나도 상관없다. 수출 산업이 되면 농업의 인구는 오히려 늘어날 수도 있다.

그렇다면 과거에 농업에 종사했던 80%를 넘는 사람들은 어디로 갔을까. 도시로 나와서 공장에 들어갔고, 경제성장 과정에서 생긴 수많은 서비스업종에서 일하고 있다.

정치단체들이 스마트팜을 막는 것과 마찬가지로 공장에서는 노조가 자동화를 저지한다. 자동화로 일자리가 없어진다는 주장을 하면서 말이다. 현실은 어떤가. 자본이 투입되어 공장 자동화가 계속 되고 있지만 새로운 일자리가 그만큼 또 생기고 서비스업 종사자도 늘어났다.

농촌에 스마트팜이 들어서면 그에 따른 일자리가 생기기 마련이다. 공장에 식당도 들어설 테고 다양한 서비스업이 파생될 것이다. 그런 자본확충 과정에서 없어지는 일자리보다 새로운 일자리가 더 많아진 것이 경험적 진실이다.

우리나라에 속히 스마트팜을 도입해야 한다. 자본화된 농사로 생산성을 높여야 하지만 자본에 대한 막연한 반감이 발전을 차단하고 있다. 훨씬 나은 삶으로 나아갈 수 있는데 자본에 대한 반감이 막고 있으니 안타까운 일이다.

대기업이 없는 내수 분야를 찾아라

생산성을 높일 수 있고 성과가 날 수 있는 곳이라면 투자가 가능하도록 제도를 개선해야 한다. 자본을 투입해서 분명한 이익을 얻을 수 있다면 당장 서둘러야 한다. 자본수익률과 비슷한 개념이 이자율이다. 우리나라 이자율이 3~4%라는 건 평균 수익률이 그 정도라는 뜻이다. 3~4% 수익률이 나지 않는다면 투자할 이유가 없어진다. 그런가 하면 우리나라의 이자율이 이 정도 된다는 건 아직도 수익을 내면서 사업할 게 많다는 뜻이다.

그렇다면 어떤 분야에 투자해야 할까. 한마디로 대기업이 존재하지 않는 분야는 투자 전망이 밝다. 아직 기업이 성장하지 못한 미성숙한 단계이기 때문이다. 하지만 그런 분야는 하나같이 자본 집중화를 막아놓았다는 게 문제다. 돈을 벌 수 있는 분야에 투자를 할 수 없게 해놓았으니 답답할 노릇이다.

현재 내수산업 상당 부분에 투자가 막혀 있다. 정치적 시민단체들과 기득권 집단들이 농업, 서비스업 등에 자본 투자를 막고 있다. 긍정적으로 생각하면 이는 우리나라에 낙후된 부분이 많아 규제만 없앤다면 아직도 발전할 수 있는 업종이 엄청나게 많다는 뜻이다. 선진국은 모든 분야에 자본이 들어갈 수 있도록 허용해 대부분의 업종에서 대기업이 활동하고 있다.

과감한 자본투입이 가능해야

우리나라 대기업은 대부분 제조업 분야에서 배출되었다.

이는 박정희 대통령이 달러를 벌어들이는 수출기업에 한해서 자본 투입을 허용하였기 때문이다. 수출육성 정책에 의해 기업에 자본이 투입될 수 있었고 그에 힘입어 세계적인 대기업들이 속속 나왔다. 하지만 내수업종에 자본 투입을 허용하지 않아 발전하지 못한 건 아쉬운 일이다.

1980년대 들어서면서 시장경제 원리를 본격적으로 정책에 도입했다. '자본자유화'와 함께 내수산업에도 자본 투입이 조금씩 허용되면서, 시장경제가 뿌리를 내렸다.

내수산업, 하면 언뜻 떠오르는 게 없다. 간단하게 대기업이 없는 업종이라고 생각하면 된다. 서비스업, 교육사업, 컨설팅 등등 대부분의 내수업종이 영세하다. 그럼에도 "교육에 자본이 들어가야 한다"고 하면 "신성한 교육에 돈이라니"라며 질색하는 사람들이 있다. '주식회사 고등학교, 주식회사 대학교'가 생기면 경쟁 압력이 높아져 세계적인 학교가 나올 수 있다는 생각을 못 하는 것이다.

삼성의 성균관대학교 지원은 사회봉사에 불과하다. 삼성이 내는 돈은 출자금이 아니라 사회에 기여하는 기부금이기 때문이다. 만약 삼성이 '주식회사 성균관대'를 만들어 수익이 날 수 있게 했다면 자본이 제 역할을 하게 되면서 지금쯤 성균관대학교는 세계최고의 대학교가 되었을 것이다.

내수시장에 자본 과잉이라는 말이 나올 정도로 투자를 허용해 모든 분야에서 대기업이 배출된다면 우리나라는 훨씬 부강한 나라가 될 것이다. 자본은 더 이상 불필요하다는 생각을 버려야 한다. 자본에 대해 거부반응을 일으킬 게 아니라 자본이 잘 투입될 수 있는 방법을 찾아야 한다.

자본은 과잉이 없다. 수요와 공급이 균형을 이루는 가운데 발전해 나갈 따름이다. 앞으로 자본을 규모있게 투자해달라고 요청하는 내수 분야가 많이 나오길 기대한다.

농업은 특수하지 않다

인류문명의 초기 단계에서는 인구 대부분이 농업에 종사했다. 채집 생활로 열매를 먹으며 살다가 농사를 지으면서 군집 생활을 하게 되자 인구가 폭발적으로 늘었다.

농업은 치수가 상당히 중요해 주로 강가에서 농사를 지었다. 물을 꾸준히 공급하기 위해 '물관리를 할 수 있는 자본이 얼마나 마련되는가'의 관점에서 세상이 바뀌었다. 물관리를 잘해 농산물 생산이 늘면서 인구가 많아지자 국가체제가 자리잡기 시작했고 농산물 생산은 더욱 늘어났다. 당연히 치수를 더 열심히 했고, 치수 시설이 자본 역할을 했다.

전쟁이 나더라도 농번기에는 농민을 동원하지 않았다.

농사가 그만큼 중요했기 때문이다. 유휴노동력이 발생하는 농한기 때면 전장에 나가기도 하고 다른 일에도 투입되기도 했다.

농업이 중요하던 시기에는 토지에 상당 부분 의존했다. 토지를 많이 가진 나라가 유리했고 곡창지대의 전략적 가치가 높았다. 로마 시대에는 멀리까지 떨어져 있는 곡창지대를 관리했다. 물이 넉넉하지 않아도 잘 자라는 밀을 많이 재배할 수 있는 지역을 활용했다.

개간을 통해 농사짓기 좋은 땅으로 만들면서 토지가 자본 역할을 했다. 반면, 사막이나 아마존은 아무리 넓어도 자본화된 땅이 아니다. 인력을 투입해 농사짓기 적합한 구조로 바뀌면서 토지가 자본이 된 것이다.

식량 안보, 걱정할 필요 없다

산업혁명이 일어나면서 농업의 비중이 점점 줄어들었다. 제조업과 상업, 서비스업이 발달하면서 사람들이 쉬는 기간 없이 일하게 되었다. 추수기에 주로 소득이 발생했던 1

차 산업 때와 달리 산업혁명 이후에는 1년 내내 생산성이 폭발적으로 높아졌다. 이 과정에서 자본이 중요한 역할을 하게 되었다.

현재 우리나라는 농업에 종사하는 인구가 3~4%로 비중이 선진국에 비해 높은 편이다. 그러나 농생산물의 부가가치 비중은 매우 낮다. 웬만한 그룹의 부가가치보다 농업의 총부가가치 창출이 더 적은 실정이다. 농업이 우리나라 평평한 땅의 절반 정도를 사용하고 있음에도 말이다. 주어진 자원을 잘 활용해야 한다는 측면에서 보면 대단히 비효율적인 일이다.

비탈진 땅에 과수원을 조성하고 산꼭대기에도 고랭지 채소를 심는다. 서울 근교에서도 농사를 짓는다. 농업은 특수하다고 인식되기 때문에 대도시 근교에서 이런 일이 벌어지는 것이다. 농업이 생존의 근간이라는 사고방식 때문에 비롯된 일이다.

식량 안보 차원에서 식량의 자급자족을 주장하는 이들도 있지만 우리가 먹는 것은 대부분 수입 농산물이다. 이는 매우 자연스러운 현상이다. 경기도와 강원도가 서로 물건을 사고파는 것처럼 중국과 호주에서 농산물을 수입하는 것도 자연스런 일이다.

　재해나 전쟁에 대비해 식량을 자급자족하자는 생각은 불필요한 걱정일 뿐이다. 아프리카나 북한의 기아 현상은 가난하거나 폐쇄적인 나라여서 발생한 일이다. 정상적인 나라에서는 전쟁이 발생하더라도 민간인이 먹지 못하는 상황은 일어나지 않는다.

　전쟁은 국가와 국가가 외교적으로 풀지 못하는 문제를 군사적으로 해결하는 과정일 뿐, 상대 국민을 아사시키기 위해 벌이는 것이 아니다. 그래서 본질적으로 그런 일은 발생하지 않는다. 북한이라면 가능성이 없지 않지만, 반인륜적인 전쟁을 저지르고 스스로 몰락하는 과정에서나 할 수 있는 극단적인 방법이어서 그런 일을 가정하는 것은 무리가 있다.

　오래 전 역사 속에서 전쟁을 벌일 때 상대가 투항하지 않으면 일단 성을 포위했다. 그런 뒤 성 안의 자원과 물, 식량이 자연 소진되게 만들어 항복을 받아냈다. 또는 성 안에 병균을 퍼트리는 화학전을 벌여 사람들을 죽이기도 했다. 하지만 21세기에 야만적인 전쟁방식을 벌인다면, 국제사회가 용납하지 않을 것이다.

식량 안보를 앞세워 자급자족을 외치는 것은 원시적인 공동체 사회에서나 적용되는 일이다. 현대 문명사회에서는 전쟁 과정에서도 그런 일은 발생하지 않는다.

환경 만능주의에서 벗어나라

우리나라는 쌀농사의 비중이 매우 높다. 소비하는 양보다 더 많이 생산하지만 경쟁력이 없다 보니 수출도 못하고 보관만 하고 있다. 토지와 재정을 쌀농사에 과도하게 투입하는 것은 가치 파괴적인 일이다. 토지 사용 규제를 풀고 논농사 장려 정책을 중단해 토지 활용도를 높여야 한다.

농민과 농업과 토지는 특별하다는 환상도 버려야 한다. 상업에 종사하는 사람은 상인이라고 부르면서 농사짓는 사람은 농민으로 부르는 것도 고쳐야 한다. 농민 대신 농인 또는 농업인이라고 부르는 게 정상이다.

현대국가에서는 농업보다 에너지의 중요도가 훨씬 높다. 북한은 굶어 죽는 한이 있어도 자신들의 뜻을 밀고 나가다가 에너지 공급이 막힐 기미가 보이면 바로 중국과 타협하

곤 한다.

과거 우리나라는 석유 에너지에 의존했다. 중동에서 문제가 생겨 원유 수입이 힘들어지면 주식이 떨어지고 환율이 흔들리는 게 기본공식이었다. 우라늄으로 생산하는 원자력 덕분에 원유 의존도가 60~70%로 낮아지면서 유가 변동성에 의한 위험을 어느 정도 피할 수 있었다. 하지만 정부가 원자력 비중을 의도적으로 낮추면서 원유 의존도와 위험도가 다시 높아졌다.

김영삼 정부까지만 해도 원자력 산업에 심혈을 기울였으나 김대중 정부 때부터 기조가 꺾이다가 문재인 정부 때 흔들렸다. 경쟁력을 확보한 원자력 기술을 막 수출하려던 시기여서 아쉽기 그지없다. 산업경쟁력 측면에서 보면 수출 산업화까지 이룰 수 있었던 중요한 순간에 스스로 경쟁력을 파괴한 것이다.

윤석열 정부는 다시 원자력 생산력을 회복시키고 있다. 원자력 분야에 종사하던 사람들이 다시 모이고 있으니 정상화되길 바랄 따름이다.

환경 제일주의는 대단히 위험하다. 흔히 '지구를 살려야 한다'는 이슈에 무작정 휩쓸리는 경향이 있다. 그런 주장들은 실질적으로 환경보호에 도움이 되지 않는다. 환경을 보호하려면 개발도 잘하고 자본 활용도 잘해야 한다.

개발을 덜 한, 경제적으로 낙후된 지역에서는 환경이 보호될까? 북한은 석유가 없어서 빨대를 만들지 못한다. 플라스틱이 없으니 환경을 보호하는 것처럼 보일 수도 있지만 북한은 야생의 자연 상태일 뿐이다. 온통 민둥산인 북한에는 아예 환경보호라는 개념이 없다. 바다에 버려지는 플라스틱은 대부분 필리핀 같은 가난한 나라에서 쓰레기를 제대로 관리하지 못한 결과물이다. 선진화된 나라에서 버리는 것이 아니다.

환경주의자들이 오히려 환경을 파괴하는 주장을 펼칠 때가 많다. 환경 만능주의에 빠져 개발을 가로막기도 한다. 자연은 우리 인류가 잘 관리하여야 하는 것이지 방치하여서는 안된다. 환경주의를 맹신하여 종교화하면 환경도 인류의 삶도 망가진다. 환경은 자본을 투입해 잘 관리해야 나아진다.

자본 투입으로 농업의 전근대성 해소하자

농식품 분야에서 소득 창출과 농업인의 소득 증가를 원한다면 스마트팜이 허용되어야 한다. 스마트팜으로 농사를 지으면 기후 걱정을 할 필요가 없다. 쌀이 남아도는 형편이니 논농사 짓던 땅의 일부를 스마트팜으로 바꾸어 생산하면 수지타산을 맞출 수 있다.

스마트팜은 자본을 투입한 농업 방식이다. 농업인의 기업 방식으로 운영하면 된다. 농지 변경을 하고, 농업에 자본을 투입할 수 있도록 규제를 풀어야 한다. 스마트팜에서 농산물을 생산하면 내수는 물론 수출까지 할 수 있는데 규제가 가로막고 있으니 안타까울 따름이다.

농업이 전근대성에서 벗어나려면 우선 농업은 특수하다는 사고에서 벗어나야 한다. 법을 개정해야 할 국회의원들조차 전근대적 사고를 하고 있으니 문제가 아닐 수 없다.

농업인들보다 농업을 앞세워 자신들의 이익을 챙기는 농민단체의 활동가가 더 많은 실정이다. 농민단체가 농업인들보다 더 전투적으로 농업 보호를 주장하고 있다. 농민단체의 이권 카르텔을 깨려면 엄청난 시간이 걸릴 게 분명해 답

답하기 그지없다.

어느 시대나 농업의 변화를 요구하는 현실적인 목소리가 있었지만 정치권은 받아들이지 않았다. 농업의 전근대성을 탈피하려는 시도를 한 적이 없다는 게 우리의 현실이다.

어업경제학이나 광업경제학은 없는데 농업경제학이 존재하고 대학에는 농업경제학과가 존재하는 것도 아이러니다. 세계 최고 수준인 반도체에 관한 경제학이 없어도 얼마든지 좋은 일자리와 높은 소득이 창출되는데 반해 농업 분야는 농업을 위한 수많은 지식인들이 존재함에도 가치창출을 하지 못하고 있다는 점은 아쉽다. 자본을 배척해서는 가치창출도 좋은 일자리도 불가능함을 잘 드러내고 있다.

평평한 땅의 절반을 농업이 차지하지만, 가치창출을 못하고 있다. 하지만 20년 내로 변화를 맞을 가능성도 있다. 농업에 종사하는 사람들의 평균 연령이 60대 후반인데 농사를 이어받을 사람이 없어 인력난이다. 청년 농업인들이 농촌으로 가는 것은 긍정적인 일이다. 돈을 벌기 위해 농촌으로 가는 청년들은 스마트팜을 비롯한 진취적인 사업구상을 하고 있기 때문이다.

유통분야가 혁신 중에 있다보니 농협도 변화가 필요하

다. 그럼에도 농업 분야에 지원책이 너무 많다는 게 문제다. 하나로마트에 제공하는 정부보조금도 중단해야 한다. 다른 유통업체들과 당당히 경쟁해서 살아남을 수 있어야 한다.

토지를 묶어놓고 다른 산업분야에서 쓸 수 없도록 하는 것도 일종의 강제 할당에 따른 부작용을 야기한다. 스마트팜으로 전환되거나 농업용지를 산업용지로 바꿀 수 있도록 유연성을 높여야 한다.

농사짓는 사람만이 농지를 가져야 한다는 제도도 폐지되어야 한다. 쌀이 남아도는 상황이니 농지를 줄이는 게 마땅하다. 토지를 마음대로 사고팔고, 대규모 땅을 구입해 사업화할 수 있도록 규제를 풀어야 한다. 기업농을 하려면 기업이나 조합이 땅을 소유할 수 있어야 한다. 여러 사람이 땅을 공동소유하거나 조합 형태로 운영하면 규모의 경제를 살릴 수 있다. 큰 땅을 경작하면 자본 투입과 기계화가 가능해지기 때문이다.

국토가 좁아서 대규모 농사를 지을 수 없다고들 하는데 개별적으로 쪼개진 땅을 합치면 얼마든지 가능하다. 외지 사람이 땅을 소유하면 농민들이 소작농으로 전락할 수 있다는 기우도 버려야 한다. 도시에 사는 사람들은 대개 회사에 다니면서 월급을 받는다. 대규모 농사로 생산성을 높여 농가 소득을 창출하는 구조를 만드는 게 우선이다.

농산물 수출국이 멀지 않다

우리나라 마트에서 파는 키위에는 대부분 제스프리 상표가 붙어 있다. 뉴질랜드 농업인들은 조합을 조직하여 키위를 대량 생산해 전 세계로 수출하고 있다.

우리나라 농업도 자본과 함께 성장해 수출산업으로 발전해야 한다. 100가구가 각각 나뉘어 농사를 짓기보다 서로 협력 관계를 형성해 연합해서 기업화하는 게 훨씬 유리하다. 나아가 스마트팜을 조성해 공장식으로 농사를 짓는 게 바람직하다.

기후 변화로 인해 농사짓기 힘들다고 아우성이다. 스마트팜은 가뭄이나 홍수, 일조량과 상관없이 양질의 농산물을 생산할 수 있다.

네덜란드가 스페인을 제치고 토마토 1위의 수출국이 되었다. 비결은 스마트팜에 있다. 태양이 작열하여 농사짓기 좋은 스페인이 네덜란드 스마트팜에 뒤진 것이다.

인공 빛 아래서 자란 채소에 대해 거부감을 느끼는 사람도 있지만 야생에서 생산한 채소를 싫어하는 사람들도 있다. 관리가 안 된 상황에서 어떻게 생산되었는지 알 수 없기 때문이다. 특히 야생에서 자란 동물은 함부로 먹으면 안 된다. 호주는 소를 방목하다가 몇 개월간 공장에서 관리한 뒤 도축한다.

우리나라의 닭고기 사업이 발달한 건 대단한 일이다. 소고기와 돼지고기는 알만한 브랜드가 없지만 '닭고기' 하면 바로 '하림'이 떠오른다. 파동이 일어나면 소고기와 돼지고기 가격이 오르지만 닭은 수급이 안정되어 있다. 하림이 자본화된 방식으로 공급을 한 덕분이다. 하림이 닭 사업을 기업화하면서 소비자가 치킨을 싼 가격에 즐길 수 있게 되었다.

농업은 속히 전근대성을 탈피해야 한다. 뉴질랜드 키위 제스프리, 네덜란드의 토마토처럼 농산물을 수출할 수 있어야 한다. 더 나아가 세계적인 식품 브랜드가 나오길 기대한다. 글로벌 식품 기업 네슬레는 스위스 상장사 중 시가총액 1위의 대기업으로 연 매출이 100조 원에 이른다. 농산물 수

출과 세계적인 식품 브랜드는 결코 먼 꿈이 아니다. 우리 농업인들이 이제 이루어내야 할 미래다.

자본과 미래

제4장 새로운 자본이 달리게 하라

통일은 경제적으로 좋은 선택

"경제적으로 봤을 때 통일은 바람직하지 않다"고 말하는 사람이 많다. 결론부터 말하면 통일은 필요하고 국가는 물론 개인에게도 좋은 일이다. 경제적으로 두 나라가 통합하면 자본이 이동하면서 두 나라 간에 상호 이득이 발생한다. 자본의 생산성이 높아지기 때문이다.

우리나라는 현재 자본을 투입해도 수익이 많이 나지 않는 상황이다. 제조업의 웬만한 분야는 이미 자본이 투입되어 수익을 내고 있기 때문이다. 우리나라 평균 이자율은 3~4% 정도인데 이는 자본이 3~4%의 수익을 낸다는 것을 의미한다. 후진국은 보통 10~15% 정도의 수익을 내는 데다 아직 개발하지 않은 사업들이 너무도 많다.

북한은 자본이 거의 없다 보니 주민들이 몸을 움직여 노동만 하는 실정이다. 자본을 조금만 투입하면 수익을 낼 분야가 북한에는 대단히 많다. 남북한이 통합하면 우리의 자본이 북한에 투입되어 수익을 낼 수 있다. 자본을 가진 사람은 투자 수익을 내고 북한 주민들은 임금을 받아 생활이 나아진다. 자본 이동만으로 경제적 편익이 발생하는 것이다. 경제적으로 더 나은 상태가 되니 통일은 당연히 좋은 것이다.

통일되면 체제 리스크 사라진다

개성공단을 보면 바로 증명이 된다. 2005년 개성공단 조성 초기 북한 근로자 1인당 급료는 월 57.5달러였다. 2016년 2월 10일 개성공단 가동이 중단되기 직전에는 월 180~200달러였다. 우리 기업은 적은 월급으로 물건을 생산할 수 있었고, 북한 주민에게 그 월급은 매우 높은 소득이었다.

개성공단이 남북 양쪽에 다 도움이 되었음에도 실패한

것은 계약을 존중하지 않는 북한의 체제 때문이다. 공산국가는 사회주의 속성상 한계를 갖고 있다. 북한 정권에 의해 재산권이 위협받으면서 우리 업체들이 개성에 건물과 기계를 다 놓고 나와 자본이 소멸되어 버렸다.

통일이 되면 체제 리스크가 사라진다. 북한의 임금이 바로 올라갈 거라는 우려도 할 필요가 없다. 임금은 시장에서 결정되기 때문이다. 법적으로 최저임금을 요청할 수는 있겠지만 그보다는 생산성이 허락하는 범위 내에서 계약이 이뤄질 가능성이 높다.

통일 초기에는 북한 주민이 최저임금만큼의 생산성을 내지 못할 게 분명하다. 당연히 북한 사람의 고용이 제대로 이뤄지지 않을 것이다. 숙련도가 높아져 최저임금만큼의 생산성이 나올 때부터 고용이 급격히 늘어날 것으로 보인다.

통일 초기에 최저임금이 북한 주민의 고용을 막을 우려가 있다. 임금 수준에 못 미치는 일꾼을 고용할 고용주가 어디 있겠는가. 임금 적용을 경직적으로 하면 오히려 일자리를 얻으려는 사람들이 불이익을 당할 수도 있다.

개성공단의 급여는 최저임금에 훨씬 못 미쳤다. 그럼에도 국내 사회주의자들이 임금에 대해 비판하지 않았다. 그들도 최저임금 이하에서라도 일하는 것이 북한부민에게 도움이 된다는 것을 알고 있었을 것이다. 북한 근로자에게 최저임금을 지급해야 한다고 주장했으면 아무도 개성공단에 투자하지 않았을 것이다. 생산성이 그만큼 나오지 않기 때문이다.

개방적 시스템 쪽으로 통일돼야

세계 역사는 시장을 통합하면서 점점 더 영역을 넓혀왔고, 지구가 하나의 시장으로 묶여 글로벌화된 자본이 자유롭게 이동하고 있다. 큰 시장이 형성되면 경제적 편익은 점점 더 커진다.

세계에서 가장 가난한 북한과 우리 경제가 통합하면 어떻게 될까. 대부분 우리 경제가 추락할까 봐 걱정하지만 이런 우려는 할 필요가 없다. 대한민국은 더 좋아지고 북한도 고도성장을 하게 된다.

중요한 것은 경제적 자유가 발휘되는 자본주의 방식으로 통일이 되어야 한다는 점이다. 북한 시스템으로 통일된다면 남한의 많은 것이 사라지고 북한처럼 쪼그라들고 만다. 형편없는 북한 크기의 두 경제권이 합쳐봐야 무슨 힘이 있겠는가. 시장경제 시스템이 뒷받침되지 않으면 통일의 효과가 사라진다. 개방적 시스템인 대한민국으로 북한이 편입되어야 한다.

중국의 예를 보면 알 수 있는 일이다. 중국은 오랜 역사 속에서 주변 나라를 통합하면서 국토가 커졌다. 중국이 공산주의가 아닌 자유민주주의 시장경제 시스템으로 통일되었다면 아마도 미국과 어깨를 나란히 했을 것이다. 또한 중국이 자유민주주의 국가였다면 미국이 중국과 활발한 교류를 했을 것이고 한국과 일본은 지금처럼 발전하기도 힘들었을 것이다.

중국은 개방정책을 실시해 1980년대 후반부터 성장했다. 2010년대를 지나면서 다시 자본을 배척하면서 경제 발전이 주춤하고 있다. 시장경제 체제가 얼마나 중요한지, 자본이 얼마나 중요한지 중국이 잘 보여주고 있다.

상품-자본-인적 교류 순으로 진행

세계 각국은 시장을 확대하면서 경제발전을 이뤄나간다. 첫째 상품이 거래되고, 둘째 자본이 오가고, 셋째 인적 교류가 이뤄지는 순서로 통합이 진행된다. 유럽과 미국, 영국은 상품과 돈이 자유롭게 오가고 사람들도 오가면서 산다. 후진국들은 사람뿐만 아니라 돈이나 상품이 교류하는 것도 차단한다.

우리나라는 박정희 대통령 때부터 본격적인 해외시장과 상품거래가 이뤄졌고 수출이 늘어나면서 산업화가 급격하게 진행됐다. 우리나라에 자본이 오가기 시작한 건 외환위기 이후부터이다. 그전까지 돈이 오가는 건 어려운 일이었다. 현재 자본 교류가 이뤄지고 있지만 자본 시장이 더 개방되어야 한다.

더 나아가 사람의 교류도 이뤄져야 한다. 우리나라는 혈연주의 방식이라 영주권 제도가 엄격하다. 우리나라는 들어오기도 어렵고 나가기도 어렵다. 국내에서 경기도나 강원도를 선택하여 거주할 수 있듯이 개인이 살고 싶은 나라를 선택할 수 있어야 선진국처럼 개방성을 높일 수 있다. 영주권 제도를 완화해서 사람이 자유롭게 오가야 한다.

독일에 이슬람교도들이 대거 유입되면서 사회가 위험해졌다는 말이 있다. 하지만 독일에는 사람들이 몰려 오면서 경제가 활성화되는 효과가 있었다. 사람이 오가면 돈도 같이 움직인다. 유대인들이 들어오면 유대인 자본도 들어오기 마련이다. 유럽에서 유대인을 핍박했던 나라들은 가라앉고 유대인을 받아들인 나라는 흥했다.

경제 통합으로 강해진다

EU처럼 몇 개국이 경제적으로 긴밀한 관계를 만들어가자는 논의가 있었지만 잘되지 않고 있다. 우리나라가 다른 나라와 경제적으로 시장을 통합한다면 일본이 가장 적합한 국가이다. 경제 통합이 되면 가장 먼저 상품 교류가 완전히 자유로워진다. 지금 일본과 상품 교류를 하고 있지만 기계 장비, 농산물 등 아직 제약이 많아 매우 까다로운 편이다. 통합하면 많은 문제가 해결될 것이다.

더 나아가 대만, 싱가포르, 일본과 통합하면 좋겠지만 중국을 비롯한 주변 나라들이 정치적으로 브레이크를 걸 수도 있다. 나라마다 사정이 달라 경제적 통합이 쉽지만은 않은 일이다.

한·중·일 통합은 개성공단 예에서 알 수 있듯이 체제 리스크 때문에 가능성이 낮다. 경제적 통합은 비슷한 시스템을 가진 나라 간에 이뤄져야 한다. 통합에 앞서 체제와 문화, 제도가 비슷한지 따져봐야 한다. 가난한 나라인지 아닌지는 문제가 되지 않는다.

그런 의미에서 시장경제로 나아가는 나라 가운데 몽골과의 통합도 생각해 볼 만하다. 몽골은 우리보다 훨씬 가난하지만 통합에 따라 효과가 클 수 있다. 가난한 나라와의 통합은 손해라고 생각하기 쉽지만 돈벌이 될 만한 분야가 없으면 투자할 리 없으니 미리 걱정할 필요가 없다. 투자자가 몽골에서 수익을 낼 만큼의 자본만 투자하고 수익을 낼 것이다.

경제 통합의 현실적 대안으로 나온 것이 FTA[Free Trade Agreement, 자유무역협정]다. '국가 간 상품의 자유로운 이동을 위해 모든 무역 장벽을 완화하거나 제거하는 협정'을 뜻한다. 우리나라는 지구 반대편에 있는 칠레와 FTA를 맺은 이후 많은 나라들과 높은 수준에서 FTA를 맺어 실행하고 있다.

통일은 새로운 기회

 남북통일 얘기가 나오면 '우리 기업이 해외 나가서 공장을 설립하면 우리에게 손해 아니냐, 내 일자리가 없어지는 것 아니냐, 통일되면 북한 2,000만 명을 우리 세금으로 다 먹여 살려야 한다'며 부정적인 견해를 펼치는 사람이 많다.
 어떻게 통일하느냐에 따라 달라질 수 있다.
 첫째, 북한지역에 자본이 투자되면 나쁜가? 그렇지 않다. 노무현 대통령 시절 우리 기업들이 중국 투자를 늘리면서 높은 성장률을 기록했다. 지금 중국에서 기업들이 철수하면서 어려움을 겪고 있긴 하지만 해외 투자를 통해 우리 경제가 커온 과정을 보면 잘못된 선택은 아니었다.
 해외 투자를 무조건 나쁘게 볼 이유가 없다. 오히려 국내에 안주함으로 인해 발생하는 손실이 더 크다. 나이키 같은 회사는 미국 내에서 디자인과 광고 세일즈만 하고 생산은 다른 나라에서 한다. 자국 인력이 더 부가가치가 높은 쪽을

담당하고 부가가치가 낮은 부문은 해외로 보내는 것이다.

삼성 수원공장은 예전에 제조업 라인이었지만 지금은 연구개발 센터가 자리하고 있다. 연구개발 인력이 일하면서 임금이 높은 사업장이 되었다. 해외 투자는 일자리의 성격을 바꾸고 임금이 높아지는 효과를 가져온다. 일자리를 빼앗기는 게 아니라 더 나은 일자리로 돌아오는 것이다.

둘째, 북한 주민 2,000만 명을 먹여 살리게 될까 봐 노심초사할 필요가 없다. 시장경제에 충실한 정책을 쓴다면, 북한 주민들은 복지 대상이 아니라 생산 주체가 된다. 북한 주민들은 현재 형편없는 일을 하면서 어렵게 생활하고 있다. 앞으로 자본이 투입되면서 생산력이 높아지면 가치를 만들어낸 만큼 임금과 소득이 올라간다. 소득이 늘어나면 소비를 하게 되니 우리가 팔 물건도 생긴다.

중국 진출 초기에는 내수시장이 작아 마땅히 팔 물건이 없었다. 우리가 중국을 생산기지로 활용하면서 중국을 통해 수출을 늘렸다. 북한도 생산기지 역할을 충분히 해내다 보면 시장 자체가 커지는 때가 온다. 그게 시장 창출 과정이고 자본 확대 과정의 산물이다.

일부 사람들은 통일 독일이 초기에 힘들었다는 사실을

상기하며 우리는 통일하면 안 된다고 말한다. 통일 후 한꺼번에 북한을 남한 수준으로 끌어올려야 한다는 생각 때문이다. 개성-평양 거점을 연결하면서 새 일자리를 창출하고, 거기서 가치가 만들어지면 추가로 건설하는 방식으로 차근차근 진행하면 된다. 재정을 너무 방만하게 지출하지 않으면서 효율적으로 진행하면 재정적 문제가 발생하지 않는다.

통일은 기회다. 새로운 투자처와 새로운 일자리와 새로운 시장이 열린다. 국가뿐만 아니라 개인에게도 더 나은 발판이 마련된다. 통일이라는 더 넓어진 시장에서 개인에게 투자수익률을 높이면서 소득을 창출할 일자리가 생기기 때문이다. 국가는 물론 기업과 개인에게 통일은 분명 새로운 기회이다.

사회간접자본을
어떻게 늘릴 것인가

                       자본주의 정신이 충만한 사회, 사회자본이 잘 마련된 사회, 어디서나 자본이 잘 이동하는 사회는 잘 살기 마련이다. 사회적 자본을 어떻게 마련할 것인가. 이는 제도적인 뒷받침이 있어야 한다. 제도가 잘 마련되어 있으면 자본 축적이 용이해진다. 자본 축적을 원활하게 하려면 자본에 우호적인 국민 의식과 제도가 뒷받침되어야 한다. 사회적인 컨센서스, 즉 공동체 구성원들의 의견이 일치되어야 하는 것이다.

  개방된 사회, 유연한 사회, 불필요한 칸막이가 없는 사회여야 자본이 유입되고 쌓인다. 자본에 우호적인 환경에서 자본 축적이 잘 이뤄지는 것이다.

유럽에는 평평한 지역이 많아 운하는 효과적인 연결 통로가 되었다. 운하망이 도로망 같은 기반을 제공했는데 만약 유럽이 폐쇄적이거나 이동을 막았다면 수로는 죽은 길이 되었을 것이다.

'모든 길을 로마로 통한다'는 말처럼 로마는 잘 닦인 도로를 통해 신속하게 이동하면서 정보를 교류하는 가운데 발전했다. 초기의 많은 도시가 강을 통해 성장했다면 로마는 지중해라는 바다를 이용해 발달했다. 지중해는 항해가 가능한 잔잔한 바다였으며 해안을 따라 이동경로가 연결되어 있다. 거친 대양이 아니라 항해를 통해 자유롭게 이동이 용이한 지중해를 활용해 로마는 거대한 문명을 형성했다.

로마 이후 거대한 사회간접자본을 마련한 나라는 미국이다. 미국은 초기에 미시시피강 수로를 통해 물류를 이동했다. 그로 인해 시카고는 농산물과 선물시장의 허브가 되었다.

철도를 통해 토지의 활용도를 높였던 미국은 100년이라는 시간 동안 대륙 전체를 도로로 연결했다. 50개 주를 가로세로로 그물망처럼 엮으면서 미국은 상업화된 나라의 상징이 되었다.

일본은 미국과 달리 촘촘한 철도망을 갖고 있다. 철도망은 기차가 정차하는 역을 중심으로 발달한다. 철도는 일정한 지역에 내려야만 도시에 접근할 수 있지만 도로는 수시로 진입하고 빠져나갈 수 있다. 도로변의 땅들은 자연적으로 상업적 가치를 갖게 된다. 도로를 따라 상업이 활발하게 형성되니 철도망보다 개방된 방식으로 발달할 수 있다. 사회간접자본과 함께 성장한 도시에 상업성이 뒷받침되면 거대한 문화권이 형성된다.

순환도로가 부족하다

이 땅에는 일본의 식민지였던 시기에 철도가 먼저 만들어졌다. 일본이 대륙을 공략하기 위해 남북으로 철도를 연결하면서 신의주까지 이어지는 경의선이 들어섰다. 이후 도로의 중요성과 실질적인 상업국가로서의 면모를 갖추기 위해 도로망이 추가적으로 만들어졌다.

1970년 경부고속도로가 완공된 이후 도로문화권이 융성한 나라가 되었지만 아직 도로망이 완결되지 않았다. 거대한 땅을 도로로 연결한 미국과 비교하면 우리나라는 도로에 대한 투자를 좀 더 해야 한다.

무엇보다도 우리나라는 순환도로가 부족하다. 도시를 동그랗게 둘러싼 순환벨트 도로가 아직 없는 도시들이 많다. 순환도로가 있으면 출입이 원활해진다. 도시 내에서 지하철은 효과적인 인프라이다. 현재 서울 지하철 2호선이 순환선인데 환승역이 많이 구비되어 있다. 수도권 도로망을 좀 더 확충하고 도시 내 연결성을 높여야 할 것이다.

세계의 돈이 몰려드는 싱가포르

사람과 물건이 오고 가는 도로와 항만, 공항도 중요하지만 돈이 쉽게 들어오고 나가고, 투자를 쉽게 할 수 있는 환경이야말로 매우 중요한 사회자본이다. 현재 세계의 돈이 싱가포르로 몰리고 있다. 홍콩이 중국에 반환되자 엄청난 자본이 싱가포르로 거점을 옮겼다. 그뿐만 아니라 우리나라에 있던 외국자본들도 싱가포르로 이전했다.

우리나라는 외환위기 때 외환 자유화를 실시해 외국자본이 쉽게 들어올 수 있도록 했다. 그로 인해 해외 자본이 많이 들어 왔다. 반면 국내 자본이 밖으로 나가는 것에 대해서는 여전히 까다롭다. 최근에 와서 예외적으로 허용하는 정도이다.

우리나라는 국내외 자본에 좀 더 개방적이어야 한다. 특히 금융 분야에 있어서 싱가포르 수준의 자유로운 상태를 마련해야 해외 자본이 쉽게 들어오고 나갈 수 있다.

2012년 여의도에 서울국제금융센터 IFC서울가 문을 열었다. IFC서울 등장으로 서울시의 랭킹이 2015년 9월, 전 세계 112개 도시 중에서 국제금융센터지수 GFCI 6위까지 상승했다. 하지만 이후 관치 금융, 낙후된 교육 시스템, 비영어권이라는 제약 사항 때문에 다국적 금융 기업들이 한국 시장에서 철수하면서 2024년 기준 10위 안팎에 그치고 있다.

외국자본에 대해 개방성과 포용성, 유연성이 뛰어난 나라는 단연 싱가포르이고 미국과 네덜란드도 세계 최고 수준을 자랑한다. 영국, 뉴질랜드, 아일랜드, 호주도 개방적인 나라들이다.

네덜란드가 세계 최고 그룹에 오른 것은 유럽 국가들이

폐쇄적이고 봉건적일 때부터 포용성을 발휘한 덕분이다. 유럽의 국가들이 유대인을 쫓아낼 때 네덜란드는 유대인들을 받아들였고 암스테르담이 해방구 역할을 했다. 그로 인해 네덜란드 암스테르담에 우수한 자본과 인재가 몰려들었고 거기에 상업성이 결합되면서 융성기를 맞았다. 항해술과 청어 염장술의 발달로 물류의 중심지인 암스테르담은 부유한 도시가 되었고, 대항해시대가 열리면서 네덜란드가 패권국으로 성장할 수 있었다.

스페인이나 포르투갈이 식민지를 개척해 금을 획득하는 데 주력한 것과 달리 네덜란드는 포용성을 발휘해 자본과 사람이 몰려드는 토양을 만들었다. 그 결과 네덜란드는 영국, 미국으로 이어지는 바다의 첫 번째 패권국가가 되었다. 이것이 바로 개방의 힘이다. 누구든지 들어올 수 있고, 자본이 형성되어 유통되고 투자되는 제도적 환경이 네덜란드를 발전시켰다.

네덜란드는 처음으로 주식회사라는 제도를 만들고 동인도회사를 출발시켰다. 동인도회사가 전 세계로 나가 식민지를 개척하면서 새로운 문명을 다른 나라에 이식시키고 그 지역과 거래도 하면서 대규모 상업문화권을 형성했다. 네덜란드 동인도 회사를 통해 전 세계에 기업의 시대가 열렸다.

돈이 자유롭게 오가는 풍토 마련돼야

외국인들이 우리나라에서 일하고 자유롭게 거주하고 투자하기 위해서는 인프라가 갖춰져야 한다. 모든 면에서 유연성을 발휘하여 외국인들이 거주하기 좋고 마음 편히 투자할 수 있는 여건을 마련해야 하는 것이다.

우선 해외 자본이 자유롭게 들어오고 나갈 수 있도록 제도적 인프라가 개선되어야 한다. 그와 함께 우리나라 자본을 외국에 투자할 수 있도록 하는 개방적인 금융시스템 마련이 필요하다. 정부가 아무리 막아도 나가려는 돈은 어쩔 수 없다. 정치논리를 앞세우는 국내 사정으로 인해 우리나라의 자금이 이미 많이 탈출했다. 사회주의 성향의 정책이 강화될수록, 통제와 획일적 방식이 강화될수록 자본은 빠져나가게 되어 있다.

해외 자본이 국내에서 이익을 내는 것에 대한 반감, 국내 자본이 해외에 투자하는 것에 대한 경계심, 다 쓸데없는 짓이다. 자본에 족쇄를 채우려 하기보다 자유를 주는 포용력을 가져야 한다. 나가고 들어오는 게 자유로워야 한다. 들어오긴 하되 못 나가게 하면 더 이상 돈은 들어오지 않는다.

외국인들이 가족과 함께 우리나라에서 생활하려면 교육서비스가 편리해야 한다. 특히 유연한 교육시스템이 갖춰져야 한다. 우리나라는 공교육 시스템이어서 공교육 프로그램으로 자녀 교육을 시킬 수 밖에 없다. 국제학교가 많지 않은 데다 지역적으로 편중되어 있다. 획일적이고 통제된 교육시스템을 해체하고, 민간 주도의 자율적인 교육방식으로 개편해야 외국인들이 마음 놓고 국내에 들어와서 활동할 수 있다.

선진화 고민하는 공무원 기다린다

우리나라의 공무원 수준은 높아 과거 헌신적인 역할을 통해 국가발전에 기여했다. 하지만 요즘들어서는 개방된 태도로 제도를 유연하게 만드는 모습을 보이지 못하고 있다. 전두환 정부의 김재익 경제수석비서관 같은 분처럼 국가의 선진화를 고민하는 공무원이 눈에 띄지 않는다. '어떻게 더 통제를 강화할까. 어떻게 이권을 연결해서 퇴직 이후에 한 자리 차지할까' 하는 생각에 골몰하는 공무원이 많아지면, 국가의 활력은 떨어진다. 공무원들이 제도의 선진화를 외면하면서 이권을 집단화하는 것은 국가적으로 대단히 큰 손실이다. 특히 금융산업이 전형적으로 관치금융에 머물고 있는 것은 공무원들의 집단 지성의 한계를 보여준다.

유연성과 포용력과 개방성에서 전 세계 1등인 싱가포르와 미국과 네덜란드는 앞으로도 세계시장을 선도할 것이다. 영국, 뉴질랜드, 아일랜드, 호주도 앞날이 밝다.

이들 나라를 제외하고 좀 차이는 나지만 바로 아래 그룹에 우리나라가 자리하고 있다. 일본도 우리와 비슷한 수준이다. 우리나라가 전 세계적으로 보면 중상위권은 되지만 싱가포르처럼 아시아 최고, 미국과 네덜란드처럼 세계적 수준이 되기 위해서는 좀 더 노력해야 한다.

우리가 개방성과 유연성을 높이면 전 세계에서 일류 국가도 될 수 있고, 싱가포르나 미국처럼 잘 살 수 있다. 그런데 굳이 문제가 심각한 중국처럼 통제와 관치 방식의 나라 수준으로 뒤걸음질 칠 필요는 없는 것이다. 더 나은 쪽을 지향해야 한다. 그러려면 제도를 자본에 우호적 환경으로 바꿔야 한다.

다음 세대에 자본을 물려주자

자본화된 유산을 어떻게 하면 후손에게 더 많이 물려줄 것인가를 고민해야 할 때이다. 개인적으로 자녀에게 자본을 물려주듯이 사회적으로 국가적으로 자본을 다음 세대에게 물려줘야 한다.

예를 들어 현세대가 국민연금을 통해 후세대가 낸 돈까지 받아쓰고 빚만 물려주어서는 안 된다. 앞 세대는 현 세대를 위해 희생과 헌신으로 자본을 쌓아왔는데 현 세대가 후세대의 돈을 다 까먹는 건 잘못된 일이다. 현 세대는 후 세대에게 '유산을 더 물려주겠다, 자산을 물려주겠다'는 각오를 해야 한다. 투자 환경과 기부환경, 사회적 환경을 개선해 자본을 사회적 유산으로 남겨야 한다.

더 나은 자산을 물려주려면 정부의 노력과 함께 국민들의 의식도 달라져야 한다. 기부나 사회적 유산을 물려주는 행위에 대해 정부가 더 적극적으로 세금을 감면해 주는 것이 필요하다. "세금을 내느니 차라리 기부하자"고 결심할 정도로 세금 혜택을 줘야 한다.

해외 자본이 우리나라에 들어오는 것은 우리가 자본을 마련하는 것과 같은 효과를 낸다. 투자환경을 더 유연하고 개방적으로 만들면 우리 사회는 자본이 넘치는 사회가 된다. 노력하지 않고도 자본이 쌓이는 것이니 투자환경 개선은 그야말로 꿩 먹고 알 먹는 일이다.

당나라도 신라인들을 받아들여서 융성해졌고 미국이나 네덜란드는 유대인들을 받아들여서 크게 발달했다. 우리는 한국전쟁 때 북한에서 탈주한 기독교인들을 받아들이면서 부흥했다. 지적이고 능력 있고 근면하고 건강한 정신상태를 가진 사람들에게 나라를 개방해서 발전한 것이다.

경제가 성장하려면 무엇보다도 시장친화적이어야 한다. 우리나라는 기업경제를 발전시켜 그동안 잘 살았다. 개방화, 자유무역으로 기업 간 경쟁을 더 허용해야 더 잘 살 수 있다. 그런데 지금 제도적으로 기업 간 경쟁을 가로막고 있다. 약한 기업을 보호한다면서 기업들이 경쟁을 못 하게 막고 있다. 갑을 관계에서 을을 보호하는 일, 대기업 억제정책과 중소기업 육성정책 때문에 기업 간 질서가 엉망이 되고 있다. 그럼에도 대기업 자본이 아직은 선전하고 있어서 우리 경제의 활동성이 유지되고 있다.

물적, 인적 사회간접자본을 많이 형성하여 후세에게 물려줄 수 있도록 우리나라가 개방성과 유연성, 포용성을 확대해 나가야 할 것이다.

자본은 노동의 친구

　　　　　　　　우리나라에서 대로를 막고 경찰과 시위대가 대립하는 광경은 흔하게 일어나는 일이다. 빨간 머리띠를 맨 노동단체 활동가들이 팔을 번쩍번쩍 들고 나면 임금 협상 소식과 함께 파업으로 천문학적인 손실을 보았다는 뉴스가 어김없이 나왔다. 그 과정을 지켜본 사람들은 '자본과 노동은 상극', '극렬하게 대치해 한쪽을 눌러야 끝나는 싸움'이라는 생각을 하기 마련이다.

　금전이나 기계, 지식 같은 유·무형자산이 생산 현장에서 가치를 만들어내는 것을 '자본'이라고 한다. 구석기시대는 돌덩이로 땅을 팠고 철기시대는 삽과 괭이로 농사를 지었다. 도구가 점점 자본화되었고, 그 자본이 역할을 해내면서 생산성을 높였다. 트럭을 사서 화물을 운반하고, 건물을 사서 임대사업을 하는 것도 돈을 자본으로 활용하는 과정이다.

자본과 노동은 친밀함을 유지하며 서로를 어떻게 활용할지 협력 방식을 찾아내야 할 대상이다. 하지만 노동 투쟁가들은 자본을 '투쟁의 대상, 미움의 대상'으로 삼으며, 반자본 시각에서 바라본다. 마르크스의 '노동자여 단결하라, 자본가에 대항하여 싸우라'는 좌파 사회주의 이념에 갇힌 극렬 소수가 이끄는 노동조합^{노조}이 자본을 적대시하면서 굳어진 행태이다.

우리나라가 선진국에 진입했다고 하지만 노조의 투쟁만 놓고 보면 선진국과 거리가 멀어도 한참 멀다. 선진국에 진입한 국가의 노조들은 노동자가 자본을 활용해 생산성을 높일 수 있도록 돕고 있다. 우리나라 노조들이 선진국의 노조 활동을 본받아 회사와 노동자가 협력하는 방향으로 나아가는 가교역할을 할 날이 속히 오길 기대한다.

자본가는 수익률을 올릴 수 있도록 자본을 투자하고, 노동자는 자본을 잘 활용해 노동생산성을 높여 나가는 역할을 맡고 있다. 자본의 축적은 기계, 경험, 숙련 등 다양한 방식으로 가늠이 가능하다.

단순히 기계를 더 들여놓는 게 아니라 생산과정을 혁신해 생산성을 높이는 게 중요하다. 기술이 좋아지면 생산성이 더 높아지니 기술을 어떻게 혁신적으로 활용할지도 찾아내야 한다. 특별한 기술개발이나 발명에 의한 혁신도 있겠지만 현장에서 좋은 방식을 찾아내 생산성을 높이는 것이야말로 진정한 혁신이다.

결국 자본과 노동은 싸울수록 서로 손해 보는 관계이다. 자본을 잘 활용해서 생산성을 높여야 노동자에게 이득이 돌아온다. 자본에 반감을 갖는 건 '일을 잘할 수 있게 만드는 방식'을 거부하고 망하는 길을 택한 것이다.

자본은 노동을 가치 있게 만든다

자본과 노동의 역할을 분명히 이해할 필요가 있다. 자본은 순차적으로 기여도를 높이기보다 갑자기 점프하는 특성이 있다. 증기기관차가 운행되다가 어느 날 갑자기 자동차가 등장하는 식으로 순간적인 점프 구간이 발생한다. 최근

50년간 인류가 경험한 가장 폭발적인 혁신은 컴퓨터의 출현이다. 이후 무선 기술이 등장했고, 요즘 인공지능[AI]과 빅데이터가 주도하여 순간적으로 시장을 재편하는 티핑 포인트가 나타나고 있다.

산업현장에서 기술혁신을 이룰 때 자본이 중요한 역할을 한다. 이머징 마켓이 일어날 때면 벤처들이 우후죽순 등장하고 그 벤처에 자본이 투입되면서 버블현상이 일어나기도 한다. 벤처 버블을 무조건 나쁘게만 보면 안 된다. 새로운 방식을 찾아가는 과정에서 투자의 쏠림현상은 필연적으로 나타나기 마련이다. 피부에 상처가 나면 백혈구가 몰려가서 싸우다가 고름이 생기고 딱지가 앉는 것처럼, 벤처 버블현상은 자본이 혁신을 위해 치열하게 싸웠다는 증거이다.

벤처 붐 속에서 가장 나은 방식이 시장이 자리잡는 순간 대기업이 탄생하는 것이다. 모든 사람이 채택하는 방식대로 세상이 바뀌면서 독점현상이 일어난다. 새로운 방식을 찾아가는 과정에서 발생하는 독점적 상태에 대해 무조건 비난하는 건 바람직하지 않다. 그 산업에서 가장 효율적인 방식을 찾아 최종 성공한 것이 새로운 표준이 되었음을 보여주기 때문이다. 물론 벤처 버블을 통해 최종 성공하면 큰 수익이 난다.

수많은 회사가 성공을 향해 달리는 건 뛰어난 경쟁방식이다. 소비자의 선택에 따라 시장을 독점할 수도, 하루아침에 문을 닫을 수도 있는 것이 바로 벤처비즈니스이다.

새로운 분야는 자본의 집중에 의해 이루어지기 때문에 필요할 때 자본을 충분히 투자할 수 있도록 허용해야 한다. 자본을 가장 잘 활용한 성공한 벤처는 부와 소득을 창출한다.

회사가 경쟁하는 과정에서 노동자는 무엇을 감당해야 할까. 자신이 선택한 회사가 성공하면 다행이지만 그렇지 못하면 낮은 임금을 감수하거나 더 나은 비즈니스 기회를 찾아 회사를 옮겨야 한다. 한때 미국에서 셰일가스 회사의 창업이 줄을 이었다. 석유 가격이 1배럴당 100달러를 유지할 때는 셰일가스 회사들이 수익을 냈지만 석유 가격이 50달러, 40달러로 내려가자 셰일가스 업체의 수익성이 악화되었다. 그러자 석유 가격이 낮아져도 버틸 수 있는 경험과 노하우를 갖춘 회사들만 살아남아 셰일가스 업계에서 표준이 되었다. 어떤 업종에서 표준이 될 때까지 버티게 하는 힘은 자본에서 나온다. 자본가가 리스크를 안고 선택하는 가운데 살아남거나 망하는 회사들의 운명이 갈린다.

치열한 경쟁 속에서 회사가 살아남으면 노동자는 계속 일할 수 있다. 하지만 버티지 못하고 회사가 문을 닫으면 노동자는 다시 생산성이 높은 회사를 찾아야 한다. 시장이 채택한 방식에 맞춰 변신하고 재교육을 받아 생존하는 것이 노동자가 감당해야 할 일이다.

자본이 국민 편익 높인다

자본이 축적되면 어떤 현상이 벌어질까. 우선 자본이 축적되는 것과 돈이 넘치는 것을 구별해야 한다. 한국은행이 돈을 마구 찍어내 시중에 돈이 넘치면 인플레이션을 야기할 뿐 자본의 양이 늘어나는 건 아니다. 그럴 때 착각해서 투자를 늘리면 지나치거나 잘못된 과오過誤 투자가 나타난다. 시장에 돈이 풀린다고 소비자들이 물건을 양껏 사들이지 않기 때문에 재고가 쌓이고 불황과 물가상승으로 이어진다.

반대로 자본이 축적되면 이자율과 각종 수익률이 낮아지면서 많은 편익이 발생한다. 자본이 늘어나는 건 수익률을 맞출 수 있는 사업 분야가 늘어난다는 뜻이고, 시장이 투자 수익률에 따라 움직이면 사업 환경이 안정되고 예측 가능한 사회가 된다.

자본이 많지 않은 후진국은 수익률이 높은 부분에만 투자를 결정한다. 아직 발전된 분야가 많지 않으니 후진국에 자본을 투자하면 수익률이 10% 이상 고수익이 나기도 한다. 자본이 많은 나라는 투자과정을 통해 장기적으로 떨어질 수밖에 없다. 웬만한 분야는 이미 투자가 이뤄졌기 때문에 혁신이 일어나는 분야가 아니라면, 수익률 목표를 10% 이하로 낮추어 잡아야 한다. 자본이 풍부하다 보니 이자율보다 조금만 높아도 투자하려는 자금이 몰리는 것이다.

새로운 투자가 결정되었다는 것은 수익률이 얼마일지 알 수 없지만 자본이 투자를 결정한 결과이다. 은행이자 보다 조금 높은 정도의 수익률을 보고 나선 기업이 있었기에 생산이 이루어지는 것이다.

자본이 축적되지 않은 나라는 수익률이 높은 부분에만 투자할 수 있기 때문에 국민 생활 전반으로 편익이 퍼져나가기 힘들다. 우리나라는 지금 수익이 2~3%만 나도 자본을 투입할 정도로 사회 전반이 자본화되었다. 그로 인해 새로운 일자리가 만들어지고 국민의 편익이 높아진다. 새로운 세상이 열릴 수 있도록 제도를 바꾸고 문화적으로 막혀있는 부분도 열어야 삶의 편의가 생긴다. 그 과정에서 노동자들이 더 나은 일자리를 찾아갈 기회도 얻는 것이다.

자본을 잘 활용해야 임금 오른다

누구든 자본이 많이 쌓인 회사에 들어가길 원한다. 삽을 가진 회사보다 트랙터를 보유한 회사에 들어가는 게 유리하기 때문이다. 회사에 자본이 쌓여 생산성이 높아지면 당연히 임금도 올라간다. 노조가 투쟁한다고 해도 생산성 향상 없이 임금을 높은 수준으로 유지하기 어렵다.

자본에 대한 반감이 있거나, 과도한 요구를 하는 건 자본이 역할을 제대로 못 하게 하는 일이며, 자본 유입을 막는 것이다. 대주주든, 주식투자자든 자본이 제 역할을 하게 해줄 때 투자가 활성화된다.

투쟁을 앞세우는 노조가 회사의 발전을 막으면서 임금 인상을 부르짖는 건 아이러니가 아닐 수 없다. 자본을 억제하면 당연히 자본이 쌓일 수 없고, 노동자의 소득도 늘어나기 힘들다. 더 나은 대우를 받고 싶으면 회사에 자본이 쌓일 수 있도록 도와야 한다.

임금과 채권은 계약에 의해 지급하는 것이다. 고용계약에 의해 일한 만큼 받는 것이지 회사에 이익이 많이 남았다고 해서 리지듀얼 residuals, 잔여 개념을 적용하는 건 잘못된 일이다. 리지듀얼은 계약을 통해 비용으로 지출되고 남은 몫을 뜻한다.

회사에 1조 원의 수익이 났다면 그건 자본가의 몫이다. 1조 원의 손실을 보아도 그 책임은 자본가에게 있다. 노동자가 1조 원 손실을 물어낼 필요가 없듯, 1조 원 이익에 대한 권리를 주장하는 것은 잘못이다.

수익률이 들쭉날쭉하기 때문에 자본의 투자는 위험을 감수하는 일이다. 반도체 시장 악화로 관련 회사가 2023년 상반기에 적자를 냈다. 그런데도 직원들이 성과급 25%를 받았다는 보도가 나왔다. 직원들은 예년보다 성과급이 낮아 불만이라는데 적자가 났으면 성과급을 지급하지 않는 게 정상적이다.

자본을 적대시하는 건 '인간의 시기심'과 관련이 있다.

'내가 일을 잘하는 건 좋은데 다른 사람도 잘하는 건 기분 나쁘고, 누구는 벤츠를 타는데 나는 경차여서 화나고, 쟤는 생산성이 높은데 나는 그만큼 못해서 짜증 난다'라는 자기중심적 생각을 '자본은 나쁘다'로 귀결하는 건 바람직하지 못하다.

자본을 탓하기보다 자본을 활용해서 일을 잘하는 방식으로 나아가는 것을 혁신이라고 한다. 인공지능^{AI}이든 빅데이터든 새롭게 등장한 것을 활용해 일하는 방식을 바꾸어 나가고 자기계발과 재교육을 통해 실력을 쌓는 쪽을 선택해야 한다. 과거 투쟁 방식에 사로잡혀 자본을 적대시하고 고집부릴 게 아니라 좋은 자본과 새로운 방식에 적응하고 활용해서 어떻게 발전해 나갈 것인가를 찾아내는 게 바람직하다.

새로운 시대에는
새로운 자본이 생성된다

사람들은 '시간의 가치, 사람의 가치'를 높여주는 수단을 늘 필요로 한다. 그로 인해 사람들의 눈높이나 시대의 흐름에 따라 자본이 변화하고 있다. 예전에 자본이었던 것이 더 이상 자본이 아닌 경우가 허다하다. 가치를 창출하거나 풍요를 주는 정도가 달라졌기 때문이다. 지게가 한때 좋은 운반 도구이자 생활필수품이었지만 지금은 민속박물관 전시물에 불과한 것처럼 말이다.

산업화 시대의 최고 혁신은 자동차의 발명이었다. 자동차는 사람들의 생활에 엄청난 변화를 가져왔다. 시간이 점차 의미가 커지며 속도가 중요한 시대인 만큼 그에 걸맞은 자본이 필요했고 자본의 기여를 통해 가치가 만들어졌다. 문명의 이기로 인해 가치가 생성되고 삶이 풍요로워진 것이다.

자본은 시대에 맞게 변화하고 진화해왔다. 자본의 속성인 '삶의 가치를 창출하는 데 얼마나 기여하느냐'에 비추어 봤을 때 현재 가장 가치가 높은 자본은 무엇일까. 재론의 여지 없이 '모바일, 빅데이터, AI^{인공지능}'를 꼽을 수 있다.

그 시대의 자본은 시장이 평가한다

인위적으로 '지금 이게 중요하다'고 주장하는 건 아무 소용 없다. 평가는 오로지 시장에서 이뤄진다. 국가나 지식인이 '이 시대에 맞는 자본은 이것'이라고 정의한다고 해서 될 일이 아니다. 시장이 '정말 필요한 자본'이라고 평가하고 가치를 인정한 후 대가를 지불해야 자본이다.

예를 들어 슈퍼컴퓨터가 중요한지 아닌지는 시장이 평가한다. 따라서 대안을 내놓고 표준인 것처럼 말하는 건 삼가해야 할 일이다. 실험적 주장일 뿐 시장에서 검증되지 않았기 때문이다.

아울러 가격 문제도 유념해야 한다. 누군가의 주장으로 지원금이나 보조금을 받거나, 반대로 가치를 깎아내리며 매도하는 일이 일어나기도 한다. 그렇게 되면, 가격은 왜곡되고 시장이 제 기능을 하기 어렵다.

어떤 자동차는 특별소비세라는 명목으로 과도하게 세금을 물린다. 어떤 자동차에는 보조금을 주면서 사라고 한다. 정부가 인위적으로 '이건 좋고 저건 나쁘다'는 식으로 구분하면 소비도, 편익도 왜곡된다. 시장의 진화라는 관점에서 왜곡 현상이 일어나는 것이다.

모든 것은 시장에서 평가받는 게 바람직하다. 정부가 보조금이나 세금을 통해서 가격 기능을 왜곡시키는 것은 오만이고, 치명적 자만일 뿐이다.

플랫폼 비즈니스가 만드는 규모의 경제

새로운 자본으로 인정받는 것은 축적 과정을 통해 이루어진다. 자본이 쌓이는 건 그만큼 필요하다는 뜻이다. 사람들의 선택에 의해 많이 쌓여야 가치가 창출되고, 축적 과정을 통해 '규모의 경제'가 발생한다.

시대가 바뀌면서 규모의 경제를 일으키는 산업이 달라졌다. 플랫폼 비즈니스라는 새로운 기업형태가 폭발적으로 성장하고 있다. 더 많은 사람이 접속하고 더 많은 사람이 이용하면서 플랫폼 산업이 독보적인 경쟁력을 확보했다.

얼마 전까지 구글과 페이스북의 시대였다면 지금은 유튜브의 시대이다. 사람들은 이제 동영상으로 정보를 주고받는다. 문자화된 지식이 아니라 영상화된 디지털 지식이 축적되는 중이다. 그러면서 유튜브가 세상의 표준 플랫폼이 되었다.

구글은 앞을 내다보고 2005년에 창업한 유튜브를 1년 만에 인수했다. 지식의 유통경로인 구글과 동영상 정보가 축적되는 유튜브에 데이터가 쌓이고 있다. 플랫폼 비즈니스라는 생태계가 이 세상의 표준을 결정하는 기준이 되었다.

넷플릭스도 새로운 표준을 제안하는 플랫폼 대열에 들어섰다. 넷플릭스가 콘텐츠의 플랫폼으로 좋은 작품들을 내놓자 디즈니+, 애플TV+등이 가세했다.

고객을 확보하려는 경쟁이 치열하다. '옳다 그르다 좋다 나쁘다'를 떠나 경쟁의 방식이 바뀌고 있는 것이다. '누가 소비자의 욕구를 충족시키느냐'에 따라 규모의 경제가 만들어진다.

유튜브가 대세지만 다양한 분야에서 다양한 형태로 데이터가 축적되는 중이다. 쿠팡을 단순히 온라인 쇼핑몰로만 보면 안 되는 이유이다. 쇼핑 비즈니스를 넘어선 빅데이터 기업의 속성도 갖추고 있기 때문이다. 그로 인해 큰 성과를 내면서 시장을 주도하게 되었다.

정보 플랫폼이나 쿠팡의 공통점은 데이터가 쌓인다는 것이다. 데이터의 제공자는 다름 아닌 소비자이다. 소비자의 데이터가 자본 축적이고 그 자본이 소비자와 기업 모두에게 이익이 된다. 그러므로 기업의 데이터 수집을 방해하는 규제를 만들 이유가 없다.

시장은 자본 축적과 함께 발전한다. 새로운 기업에 의해 새로운 시장이 만들어지기 때문이다. 편리한 것들을 선택하는 과정이 쌓이면서 새로운 자본이 형성되고, 자본의 축적으로 삶이 점점 더 나아지게 된다.

자본이 축적되는 과정에서 큰 기업이 탄생한다. 자본이 쌓이는 것을 독점이라고 하여 부정적으로 보면 안 된다. 자본이 축적되는 과정을 통해 가치를 창출하기 좋은 형태로 진화하기 때문이다.

플랫폼 기업이 만드는 미래

우리나라에서는 세계적인 플랫폼 기업들이 국내의 플랫폼 기업에 일부 밀리는 현상을 보인 우리나라의 대표적 플랫폼 기업으로 네이버와 카카오가 있다. 네이버가 포털을 선점했다면 카카오는 모바일과 좀 더 친숙하다. 두 회사는 동남아와 일본 시장에서도 수익을 올리고 있다.

외국인들이 한국에 오면 구글보다 네이버를 주로 사용한다. 이유는 우리나라에서 구글 서비스가 원활하지 않기 때문이다. 군사적 대치상황을 이유로 구글 지도는 제한을 받는다. 그러다 보니 한국에 특화된 서비스인 네이버 지도를 사용하는 것이다.

구글 지도 서비스가 원활하지 않다 보니 관련 서비스에 한계가 있다. 제약이 있다고 하지만 어쨌든 구글은 네이버에 밀리고 우버도 규제에 막혀 들어오지 못했다. 한국에서는 네이버와 카카오가 유리한 상황이다.

월마트와 까르푸가 우리나라에서 버티지 못하고 철수한 것도 국내기업이 선전한 결과이다. 이마트를 비롯한 한국 업체들이 시장 변화에 대처를 잘했기 때문이다. 월마트와 까르푸는 대용량 중심으로 판매했지만 한국 업체들은 소포장 제품들도 갖추어 놓고 물건도 다양화하여 소비자들에게 편익을 주었다. 우리나라 소비자의 특성에 맞게 서비스를 제공한 이마트는 성공하였고 해외까지 진출하였다.

선진국 기업들은 자본이 없는 나라에 가면 대개 시장을 쉽게 장악하지만 우리나라는 호락호락하지 않다. 그게 꼭 좋다고는 할 수 없지만 어쨌든 우리나라만의 독특함이 있다.

영어 공용화 문제도 좀 더 심드 있게 고려해 볼 필요가 있다. 세계화 시대에 영어 공용화는 꼭 필요하지만 현재 상황에서는 요원한 일이다. 기성세대는 한글이 편하겠지만 다음 세대는 영어가 꼭 필요하다. 그러나 공용어 제정이 쉽지 않다. 요즘 어린 학생들이 다들 영어를 배운다지만 공용어로 정하는 건 차원이 다른 문제다. 영어에 익숙하지 않은 것은 현세대에서 끝내야 하는데 다음 세대까지 연결될 위기에 처했다.

싱가포르나 네덜란드 같은 경제 강국이 되려면 영어 공용어가 필요하다. 프랑스가 자국어만 고집하고 영어를 쓰지 않다가 경쟁에서 밀리고 있다. 영어를 사용하지 않으면 문화경쟁력에서 뒤처질 수밖에 없다.

새로운 자본, 모바일과 데이터와 AI

예전에 고속도로와 전화가 자본이었다면 지금은 모바일, 데이터, AI가 중요한 자본이다. AI가 빅데이터를 분석해 축적하고, 프로그램을 활용해 솔루션을 쉽게 찾아낸다. 효율적인 방식으로 프로세스를 스스로 만들어 내는 AI는 새로운 기회이고 도전이다.

모바일과 데이터와 AI가 자본역학을 제대로 하기위해서도 IT 산업의 경쟁력 확보가 필요하다. 마차를 타고 다니다가 자동차를 타고 다닐 때의 경쟁력과 편익은 말로 다할 수 없다. 과거의 것을 그대로 사용할 게 아니라 편익을 높이고 가치를 높이고 가치 창출에 용이한 자본을 사용해야 한다. 시대에 맞는 자본을 활용해 가치를 높여야 하는 것이다.

AI는 지식 기반화 서비스이다. 챗GPT에 대한 우려가 많지만 사용자가 잘 활용하면 문제가 없다. 챗GPT가 인간의 영역을 침범한다고 두려워할 필요도 없다. 인간은 AI를 활용해 일을 하면 된다. AI는 익숙해져야 할 대상이다. 어떻게 활용할 것인가, 얼마나 AI를 삶에 편리하게 이용할 것인가, 그것을 삶의 일부로 삼아야 한다.

챗GPT가 인간을 뛰어넘을까 봐 걱정할 필요도 없다. 청소기가 사람보다 더 청소를 잘한다해도 청소기일 뿐이다. 마찬가지로 식기세척기도 정해진 시간 동안 돌아갈 뿐이다. 챗GPT도 사람의 질문에 답하는 지식처리 프로그램으로 유용성이 있다. 인간은 인간으로서의 고유한 가치가 있고, 시간 사용을 주도할 수 있다. 챗GPT는 인간의 질문에 답변할 뿐이다. 질문을 잘해서 답변을 얻으면 그 답변을 참고하고 그 유용성에 대한 판단은 인간이 하는 것이다.

모바일, 데이터, AI라는 자본을 잘 활용하는 게 우리의 할 일이다. 새로운 자본을 내 삶의 일부로 받아들여 빨리 익숙해져야 한다. 새로운 자본을 잘 활용하는 기업을 통해 내 가치를 더 창출하려고 노력해야 한다. 내 시간을 아끼기 위해 식기세척기나 로봇 청소기를 쓰듯 나의 사무 생산성을 높이기 위해 컴퓨터와 챗GPT를 잘 활용하면 된다. 학교 교육에서는 이를 적극적으로 반영해야 한다. 나의 생산활동이 나아지도록 새로운 자본을 두루두루 이용하자.

현재 우리나라는 모바일이나 데이터, AI 분야에서 선도적 국가는 아니다. 미국이 단연 최강이다. 모바일 분야 최고 회사는 애플이고 인공지능에서는 마이크로소프트가 가장 앞서가고 있다.

플랫폼 강자인 애플, 마이크로소프트, 아마존, 구글, 페이스북이 모두 미국 회사이다. 미국이 독보적이고 한국, 일본, 독일이 이를 뒤쫓고 있다. 미국이 시장 선도의 역할을 하고 있다면 우리는 이를 잘 응용하고 있는 것이다.

미국이 '모바일, 데이터, AI'의 표준을 만들었으니 우리는 활용해서 발전시켜 나가야 한다. 삼성반도체와 K-팝을 보유한 우리나라의 저력이라면 얼마든지 새로운 자본에 적응하며 발전할 수 있다.

자본 축적을 돕는 유능한 정부 원한다

　　　　　　자본을 늘릴 수 있도록 돕는 일은 정부의 중요한 임무이다. 그 일에 성과가 있어야 성공한 정부로 인정받고 우리 경제가 발전한다. 그동안 자본을 억제하기에 급급한 정부를 지켜봐야 할 때가 많았다.

　자본을 늘리기 위한 최선의 방법은 민간이 활동할 수 있는 장을 넓히는 것이다. 자본은 민간의 자발적 거래의 결과로 쌓이기 때문이다. 그렇게 쌓인 자본은 사람들의 활동에 도움을 주고, 생산성을 높여 고소득이라는 선순환을 일으킨다. 정부는 모쪼록 사람들이 수월하게 경제활동을 할 수 있는 제도와 정책을 마련해야 한다.

자본 축적에 우호적인 세금정책 실시하라

자본 축적과 세금은 밀접한 관계가 있다. 세금정책을 잘못 펼치면 자본이 쌓이지 않는다. 기업에 대한 세금 부과는 매우 중요한 문제이다.

100억 원을 거래한 기업이 10억 원의 이익을 내고, 1,000억 원을 거래한 기업이 100억 원의 이익을 냈다면 두 기업은 동일한 수익률을 기록한 셈이다. 그런데 금액만 보고 '100억 원을 벌었으니까 세금을 더 내라'고 하는 건 자본 축적을 방해하고 기업 성장을 억제하는 일이다.

기업은 여러 사람의 협력 공동체이며 거래의 총합이다. 단지 규모가 크다고 불이익을 주면 안 된다. 100억 원을 벌기 위해 많은 사람이 투입되었기 때문에 총액만 보고 세금을 더 부과하는 건 부당한 일이다.

매출만 보고 돈을 많이 벌었다고 생각하면 안 된다. 애플의 순수익률은 30~40%에 달하지만 갤럭시는 5~10% 정도 수준이다. 갤럭시가 애플보다 더 많이 팔아도 마진이 적어 수익이 더 낮을 수도 있다. 액수만 보고 누진세를 부과하는 건 잘못이다. 종류가 다른 업종을 단순 비교하는 것도 안 된다.

매출이 10억 원이든 100억 원이든 세율을 똑같이 적용해야 한다. 이를 평률세 혹은 정률세라고 한다. 기업에 대해 누진세가 아닌 평률세를 채택하는 것이 합리적이다.

기업이 수익을 올리면 법인세를 낸다. 그런데 임직원과 채권자, 주식투자자도 돈을 배분받을 때 소득세를 낸다. 이미 법인세를 냈는데 이중과세를 하는 것이다.

대기업이 부담하는 과도한 법인세와 누진세 방식이 개인과 상관없다고 생각하기 쉽지만 그렇지 않다. 기업에 투자한 모든 투자자가 손해 보는 일이다. 그럼에도 투자자들은 세금의 불합리함에 관심이 없다. 주식투자자들은 대개 단기 시세차익을 노리기 때문에 장기투자로 얻는 이익과 배당에 일에 관심이 없기 때문이다. 대주주와 금액을 투자한 기관투자가들만 관심을 두는 정도이다.

포퓰리즘 정책이 만연하다 보니 법인세가 높은 것에 찬성하는 여론이 형성되어 있다. 조세당국은 대기업 몇 군데서 세금을 걷으니 편하고, 국민은 자신의 부담이 줄어든다는 생각에서 좋아한다. 그러니 정치인들은 법인세를 더 올리고 싶어 한다. 국민에게 세금을 더 걷으면 저항이 심하지만 기업의 법인세를 통해 간접적으로 걷는 것은 상대적으로 쉽기 때문이다.

기업을 통해 가치를 창출하는 자본주의 사회에서 법인세를 강화해 자본 활동을 저해하는 건 잘못된 일이다. 자본 축적을 억제하는 정책을 강화해서는 경제가 성장하기 어렵다.

공기업을 민영화하라

자본이 아예 없어 정부가 기업의 역할을 대신했던 시절이 있었다. 대한항공도 공기업이었다. 공기업이었던 KT, SK텔레콤, SK에너지, 한진중공업, 두산중공업은 민영화되었다.

공기업이 많은 것은 자본 축적에 방해되는 일이다. 선진국 대열에 오른 지금 모든 공기업을 민영화하는 게 마땅하다. 정부가 기업을 직접 통제하거나 소유하면 자본 축적이 용이하지 않으며 자본의 역할을 방해하기 때문이다. 민간이 수익을 높이기 위해 노력할 때 소득이 발생하면서 자본이 축적되는 것이다.

주택도 수요가 있을 때마다 민간이 짓게 했으면 굳이 신도시를 조성할 필요가 없었다. 3기 신도시까지 진행되었는데 1기 신도시인 분당과 일산 정도가 성공한 사례이다. 그것도 그 이전 정부들이 주택을 짓지 않아 비롯된 성공이었다.

20여 년 전부터 새로운 도시에 대한 수요가 사라졌다. 그런데도 지방에 혁신도시가 늘어났다. 혁신도시를 조성하면 기존의 구도심은 몰락하기 마련이다. 정부가 인위적으로 도시를 만들겠다는 오만에서 벗어나 민간의 자발적인 거래와 활동으로 도시가 확장되도록 해야 한다. 인위적인 행위들은 기존의 도시 자본을 위축시키는 일이다.

4기 신도시에 대한 기대가 큰데 시장의 수요에 따라 꾸준히 공급되었다면 건설할 필요가 없었을 것이다. 공급을 억제하다가 가격이 폭등하여 정치적으로 버틸 수 없는 상황이 되어 한꺼번에 공급을 늘리는 식의 악순환을 더 이상 되풀이하면 안 된다.

주택 공급을 억제한 이유는 사회주의 시각 탓이다. 주택 공급을 늘리면 투기꾼들이 돈을 번다는 억지 주장을 정부가 받아들여 공급이 제때 이뤄지지 않은 것이다. 더 나아가 정부는 아파트를 영구임대로 공급하려는 계획을 세우기도 했다. 국민이 집을 가지면 안 된다는 것은 잘못된 사고방식이다. 다행히 상당수의 임대 주택을 민간 분양으로 전환하면서 불합리한 문제가 해소됐다. 늦게나마 정부가 시장 순응적 역할을 한 덕분이다. 정부가 집을 소유하고 국민을 임대 주택에 살게 하겠다는 사회주의 방식의 정책은 완전히 사라져야 한다.

편안한 주거환경을 위해 집을 자유롭게 짓고 거래하는 것은 당연하고도 바람직한 일이다. 하지만 거래를 못 하게 막고 주택 건설을 방해하는 세금 구조와 규제가 여전히 시행되고 있다. 이는 국민의 편익과 복지후생을 크게 떨어뜨리는 일이다.

건물은 자본의 속성을 갖고 있다. 좋은 건물이 들어서지 못하게 하는 것은 자본 축적을 방해하는 것이다. 그 결과로 편리성과 주거복지가 낮아진다.

시장 확대에 도움이 되려면

국가가 은행을 공기업처럼 운영하는 것도 자본 축적을

가로막는 일이다. 정부가 통제하면 은행의 경쟁력이 낮아지고 자금의 비효율적 배분이 늘어난다. 금융 분야가 정부의 통제하에 있으면 경제활동에 근본적인 장애가 온다.

정부는 돈을 통제해야 한다는 강한 집념을 갖고 있다. 정치권도 돈과 기업을 통제하고 나아가 경제 전체를 통제할 수 있다는 생각이 강하다. 정부가 금융에 대한 통제 의식을 빨리 버려야 하며 그런 의미에서 산업은행을 민영화해야 한다. 준 공기업이라고 할 수 있는 은행에 대한 통제를 중단하고 정부 보조금을 받는 일부 금융기관도 속히 자립해야 한다.

경찰이나 소방처럼 꼭 필요한 정부 업무를 제외한, 인천공항공사와 철도공사를 비롯한 대부분의 공사나 공단은 민영화해야 한다.

한국은행이 한국은행권의 가치를 지키는 데 충실하면 화폐안정성으로 인해 사람들이 믿고 거래를 할 수 있다. 그런데 한국은행이 고유의 목적을 방기해서 화폐가치가 툭툭 떨어지면 자본이 사라져 아수라장이 된다. 베네수엘라처럼 되는 것이다.

제대로 된 공기업이라면 신용과 원칙을 지키는 깐깐함

이 있어야 한다. 시장을 발전시키고 시장의 불확실성을 제거하는 데 도움 되는 공기업은 존재할 이유가 있겠지만 시장을 대체하거나 가로막으면 오히려 부작용만 발생시킨다.

민간에 의한 자생적 질서가 강하다

정부가 여기저기 간섭하며 통제하다 보면 거래를 대신하는 일이 생긴다. 학교급식은 친환경 식재료를 써라, 자동차도 전기차를 구입하라, 이런 식의 참견이 늘어난다. 자동차를 사치재로 분류해 특별소비세를 부과하면서 전기차는 친환경이라며 보조금을 주는 식이다. 정부가 나서서 배급할 게 아니라 소비자 선택권을 존중해 시장에 맡기는 게 마땅하다.

교육부가 학교에 돈을 배분하는 기준도 정확하지 않다. 그렇다 보니 대학은 정부가 내세운 기준에 끼워 맞춘 제안서 작성에 열을 올린다. 불명확한 기준으로 돈을 배분하는 것은 교육 자본의 유연성을 훼손하는 일이다.

정부가 지원금을 점점 늘려나가다 불법행위를 저지르는

곳까지 지원하는 웃지 못할 일이 벌어졌다. 방만하게 지급하는 보조금 배급제를 없애야 한다. 보조금을 주려면 학교가 아닌 학생들에게 바우처를 주는 방식이 바람직하다. 교육서비스 소비자인 학생들에게 바우처를 지급해 학교에서 사용하게 하는 것이다. 예를 들어, 초·중등학생에게 1인당 1,000만 원에 해당하는 바우처를 지급해 학교를 선택하게 하는 방법이 있다. 지역 내 배정 방식이 아니라 좋은 학교를 찾아가게 하는 것이다. 학생에게 바우처를 받으려면 학교는 최선을 다할 수밖에 없다.

정부가 통제하는 인위적 질서가 아닌 민간에 의한 자생적이고 자율적인 질서가 자본의 활용도를 높인다. 인위적 질서는 자본 형성을 방해하는 데다 모래성처럼 순식간에 무너질 위험이 있음을 알아야 한다.

자본 친화적 정부 원한다

우리 사회에 관존민비官尊民卑 사고가 강하다. '벼슬아치는 우러러 보고 일반 백성은 낮추어 본다'는 뜻으로, 지하철 안내 표지판만 봐도 바로 드러난다. 지하철역에 가면 누구나 알 수 있는 민간기업 대신 동네 주민도 잘 모르는 공공기관 표지판이 붙어 있기 때문이다. 과거에는 그렇지 않았는데 자치단체장들의 어리석음으로 인해 바뀌었다. 사람들의 편리성과 편익이 아닌 관공서 중심 사고에서 벌어진 횡포인 것이다.

지하철 광고판에 주로 공기업 광고가 버젓이 붙어 있다. 부처의 이권을 위해 공기업이 광고를 한다는 게 말이나 되는 일인가. 심지어 스포츠구단을 운영하는 공기업도 있다. 목적에 맞는 일만 하기도 모자라는 세금을 선심 쓰듯 하는 것이다.

각종 폐해에다 온갖 규제를 만들어내는 공기업, 공사, 공단들은 다 폐지해도 국민 후생에는 아무 상관이 없다. 만약 농업 관련 공공 단체들이 없었다면 아마 우리나라 농촌은 엄청난 경쟁력을 갖춘 수출 기업화를 일찌감치 이뤘을 것이다.

어느 나라든 사회주의적인 정책을 가지고 있다. 미국이나 싱가포르도 마찬가지이나 그 비중이 적어 잘 사는 것이다. 우리나라도 사회주의적 요소가 있지만 비교적 덜한 편이어서 여기까지 왔다. 미국이나 싱가포르보다 사회주의 비중을 더 줄여 우리가 세계를 선도하는 국가가 돼야 한다.

자본은 민간에 의해 만들어지고 민간에 의해 활용됐을 때 가장 잘 활용되는 속성을 갖고 있다. 정부는 자본의 속성이 발휘되도록 최대한 자본 친화적이어야 한다. 규제를 없애고 간섭하지 않아야 자본이 형성되고 축적된다. 자본을 늘리고 자본에 우호적인 제도를 정착시키는 것이 우리가 경제적 자유를 이루어 잘 사는 길이며, 인류를 진보로 이끄는 원동력이 된다.